《四川革命读本》编写组

主　编

杨　钢　四川省社会科学院原副院长、研究员

副主编

杨先农　四川省社会科学院研究员（已退休）

编　委

杨湞湞　四川省社会科学院中共党史专业硕士研究生

吴周鏇　四川省社会科学院中共党史专业硕士研究生

李　曦　四川省社会科学院中共党史专业硕士研究生

李姣姣　四川省社会科学院中共党史专业硕士研究生

四川革命
读本

SICHUAN GEMING DUBEN

主　编　杨　钢　副主编　杨先农

四川大学出版社

项目策划：邱小平　黄蕴婷
责任编辑：欧风偃
责任校对：黄蕴婷
封面设计：墨创文化
责任印制：王　炜

图书在版编目（CIP）数据

四川革命读本 / 杨钢主编. — 成都 : 四川大学出版社, 2019.3
（四川系列读本）
ISBN 978-7-5690-2828-7

Ⅰ. ①四… Ⅱ. ①杨… Ⅲ. ①革命史－四川 Ⅳ. ① K297.1

中国版本图书馆 CIP 数据核字（2019）第 049838 号

书名　四川革命读本

主　　编	杨　钢
副 主 编	杨先农
出　　版	四川大学出版社
地　　址	成都市一环路南一段 24 号（610065）
发　　行	四川大学出版社
书　　号	ISBN 978-7-5690-2828-7
印前制作	四川胜翔数码印务设计有限公司
印　　刷	四川盛图彩色印刷有限公司
成品尺寸	170mm×240mm
印　　张	12
字　　数	173 千字
版　　次	2019 年 7 月第 1 版
印　　次	2019 年 7 月第 1 次印刷
定　　价	78.00 元

◆ 读者邮购本书，请与本社发行科联系。
电话：(028)85408408/(028)85401670/
(028)86408023　邮政编码：610065
◆ 本社图书如有印装质量问题，请寄回出版社调换。
◆ 网址：http://press.scu.edu.cn

四川大学出版社
微信公众号

目录

第一章

辛亥革命至大革命时期

四川革命读本

近代以来，帝国主义与中华民族的矛盾，人民大众与封建主义的矛盾成为中国社会的主要矛盾。随着侵略程度的加深，帝国主义列强开始觊觎中国的铁路主权，并将目光投向了四川的川汉铁路。在帝国主义和封建主义的相互勾结、共同压迫下，四川人民不畏强暴，英勇斗争，纷纷站起来为保卫铁路主权而呐喊、斗争，随后爆发的保路运动翻开了四川革命史的第一页。在保路运动和同志军起义中，荣县首先实现独立，成立了第一个资产阶级革命政权，为全国革命运动的开展树立了榜样。

辛亥革命以后到五四运动是四川近代历史上新陈代谢异常迅速的时期。在五四新文化运动启蒙下，许多进步的知识分子，通过留法勤工俭学运动，逐步由爱国主义者、民主主义者成长为四川最早的一批共产主义者。接受马克思主义的知识分子们开始与工人阶级相结合，开始在革命斗争中得到锻炼和成长，并于1923年建立起了四川最早的党组织——中国共产党成都支部。自此，四川人民在中国共产党的领导下发动了多次武装斗争，在中国近代史上留下了浓墨重彩的一笔。

保路运动：辛亥革命的前奏

在今成都市人民公园的入口处，屹立着一座“辛亥秋保路死事纪念碑”。这座纪念碑修建于1915年，现在是国家重点保护文物。它记录着四川保路运动这一伟大的历史事件，是四川人民反帝反封建的光荣丰碑。这座丰碑时刻提醒着人们：要发扬爱国主义优秀革命传统，积极投身中华民族的伟大复兴。

川汉铁路公司的成立

甲午中日战争之后，随着中国半殖民地半封建社会的程度加深，帝国主义列强开始觊觎我国的铁路主权，相互争夺势力范围。在列强的眼中，“建筑铁路似乎是一种简单的、自然的、民主的、文化的、传播文明的事业。……实际上，资本主义的线索像千丝万缕的密网，把这种事业同整个生产资料私有制联系在一起，把这种建筑事业变成对10亿人民（殖民地加半殖民地），即占世界人口半数以上的附属国人民，以及对‘文明’国家资本的雇佣奴隶进行压迫的工具。”① 四川具有邻近云南，贯通缅甸的优越地理位置，掌握了四川铁路权，就能把持从埃及开罗经印度到达上海

① 列宁：《帝国主义是资本主义的最高阶段》，人民出版社，1964年，法文版和德文版序言，第6页。

这一条重要铁路干线的关键，并能够加强对中国内陆的进一步控制。[①] 所以，帝国主义开始将爪牙伸向四川。法国印度支那总督杜梅曾说过："对中国的渗入，从我们占有地的北方必须保证建造那些贯穿云南四川的铁路。"帝国主义列强与清王朝勾结，疯狂掠夺中国铁路主权和矿山主权。英勇的中国人民看清了帝国主义列强的阴谋，坚决要求不让一寸一厘。为捍卫铁路主权，各地纷纷开始自办铁路，成立铁路公司。川汉铁路公司便是全国最早成立的铁路公司。

在广大人民群众要求自保利权、自办铁路的压力下，清政府为抚顺民情，缓解矛盾，表示允许开放路权，准予民办。1904年1月24日，官办川汉铁路公司在成都岳府街正式成立。之后，于1905年7月由官办改为官绅合办，又于1907年3月改为商办。

如何筹集川汉铁路的修筑巨款，成为官办川汉铁路公司面临的最大问题。川汉铁路公司在创立之初就明确了"官设公司，招集华股，自保利权"的原则，声明"川汉铁路奏请自办"，"是以专集中国人股份"，"其非中国人股份，一概不准入股"[②]。这种独立自主的姿态，开创了我国自办铁路的先河。川汉铁路股本的征收对象不仅包括大中小地主，还涉及更为广大的自耕农和佃农。[③] 股本来源如此广泛，因而全川数千万人民，不论贫富，不

① 1897年英国从《续议缅甸条约附款》中，获得了滇缅铁路的修筑权。同时，英国还企图将铁路从云南延伸进四川，积极谋划滇蜀铁路的修建。1889年，英国派遣"旅游队"前往四川考察路线，参加调查的军官达威斯在上报的《滇缅铁路报告》中说："吾等几难深信处于云南之邻近尚有一物产丰富，人口稠密之省份——四川。故任何铁道设计之最终目的，不仅鼓励经缅甸边境局部之贸易，且须获得由印度到达四川及中国东部之经过线方向。"并指出："此线（按括滇缅铁路）可达出产富庶之四川，将来可能与汉口成都线相连接而为印度、上海间之连络线——可为由开罗经印度至东亚宏大干线之一支。"

② 《川汉铁路总公司集股章程》，1905年1月。

③ 集股章程中明确了股款的四个来源——认购之股、抽租之股、官本之股、公利之股。其中，抽租之股是股本最主要的来源。

论阶级阶层，都与川汉铁路在经济利益上捆绑在了一起，这也就为四川保路运动的发动准备了广泛的群众支援力量。

四川保路同志会的成立

1909年12月28日，川汉铁路举行开工典礼，正式开始修建。对此，极度不满的帝国主义列强群起而攻之，并加紧与清政府勾结，竭力借清政府之手，阴谋夺取川汉铁路的主权。川汉铁路在困难重重中砥砺前行。

当川汉铁路修建工程正在艰难动工之际，1911年5月9日，清政府悍然出台铁路国有政策，并首先拿粤汉铁路和川汉铁路开刀，企图在此名义下搜刮走民众已集所有路款。四省人民看清了清政府的阴谋，绝对不能接受“收归国有”，纷纷起来反抗。在四省的斗争中，四川最为激烈、广泛和持久。在立宪派的领导下，四川人一改以往温和的文字争辩，决定成立保路同志会，动员群众力量，用激烈的抗争手段与清政府作斗争，誓死捍卫川汉铁路权。6月17日，川汉铁路公司召开四川保路同志会成立大会，宣布成立四川保路同志会，以“破约保路”为宗旨。四川保路同志会的成立，标志着四川保路斗争进入了有组织有领导的群众运动新阶段。自此，立宪派所领导的保路斗争与广大人民群众反抗帝国主义压迫的爱国运动相结合，四川人民发起罢课、罢市和抗粮抗捐税的斗争，将矛头直指清政府，掀起了四川保路运动的高潮。

“山雨欲来风满楼”，在斗争的过程中，群众反抗清政府的暴力事件相继发生，武装起义在四川的爆发成为必然之势。

震惊全国的“成都血案”

保路运动愈演愈烈，清政府加紧对赵尔丰的申斥，要求全力镇压。9月5日，在川汉铁路公司召开的特别股东大会上，有人散发《川人自保商榷书》。《商榷书》的实质是在宣传四川独立，它的出现让当时急躁的赵尔丰找到了武力镇压保路运动的借口，他企图在这件事上大做文章。9月7日，赵尔丰诱骗蒲俊殿、邓孝可等同志会和川汉铁路公司的主要领导人到总督衙门商讨路事，这些领导人一进入总督衙门就立即被扣押起来。随即，赵尔丰立刻下令搜查川汉铁路公司，封闭铁路学堂和招待所，查封宣传保路运动的报刊、印刷所，查抄蒲俊殿、邓孝可等人的家。

消息传出后，成都人民极为愤慨，上千名群众纷纷手握香，头顶光绪牌位，从四面八方朝总督府涌去，请求释放被捕者。请愿群众越聚越多，赵尔丰竟下令向民众开枪乱射，血腥屠杀手无寸铁的请愿群众。“据不完全统计，此次死难的成都市民有名有姓的就有26人”①，伤者数百人，且均为下层市民。总督府外尸体累累，一片血泊。这就是中国近代史上震惊全国的“成都血案”，它让全国人民更加清楚地看到了清王朝的凶残野蛮和无可救药，彻底地放弃了还仅存的那一丝幻想。“成都血案”成为反帝爱国斗争转变为国内战争的转折点。一场更大的暴风雨即将到来。

① 鲜于浩，张雪永：《保路风潮——辛亥革命在四川》，四川人民出版社，2011年，第176页。

气势磅礴的保路同志军大起义

“成都血案”爆发后，同盟会成员龙鸣剑认为用暴力革命的手段推翻清王朝统治的时机已经到来，号召全川人民进行武装起义。各地民众纷纷揭竿而起，召集民军，组成浩浩荡荡的保路同志军，立誓要共同为推翻清王朝的统治而战。自此，立宪派领导的爱国保路运动开始演变成由同盟会领导的保路同志军反清大起义。随后，四川人民反清武装斗争迅速发展，反清势力形成一股洪流，势不可挡。推翻清王朝的统治，实现四川独立，建立民主共和制度，成为全川人民共同的目标和信念。如疾风骤雨般席卷而来的同志军起义，极大地动摇了清政府在四川的统治，成为建立革命政权的开路先驱。

同志军大起义发生后，1911年9月25日，荣县宣布独立，成立第一个资产阶级县级革命政权——荣县军政府。11月21日，广安独立；11月22日，重庆独立；11月26日，内江独立。全省各地独立浪潮势不可挡。1912年3月11日，蜀军政府与四川军政府正式合并，尹昌衡担任正总督，四川实现统一。同年4月1日，袁世凯窃取革命果实，建立大地主大买办阶级联合专政的北洋军阀政府，辛亥革命宣告失败，四川也被控制在了袁世凯的统治之下。

四川保路运动是帝国主义与中华民族、封建主义与人民大众两大矛盾冲突加剧的产物。四川革命运动的蓬勃发展极大地鼓舞了全国各省人民，直接推动了武昌起义的爆发，是辛亥革命爆发的导火索。英勇的四川人民联合起来，共同维护了国家主权和民族利益，彰显了四川人民不畏强暴的爱国精神和英雄气概，其丰功伟绩将永垂不朽，永远载入中华民族的光辉史册。

辛亥秋保路死事纪念碑

荣县起义：第一个资产阶级革命政权的建立

甲午中日战争后，素有“诗书之乡”美誉的荣县在进步知识分子的带领下，开始走上一条苦苦探索救国图强的道路。从爱国维新到发动革命，荣县人在中国同盟会的领导下，组织群众，推翻清王朝的统治，建立起我国第一个资产阶级民主革命政权——荣县军政府，开创了先河，为全国其他地区实现革命独立发挥了杰出的先锋和桥梁作用。

先进知识分子的觉醒

荣县向来文风鼎盛，南宋著名爱国诗人陆游曾称颂这里是“诗书之乡”。这片土地，孕育出了不少有着深厚忧国忧民感情、讲究民族气节的知识分子。维新变法运动兴起以后，在学子们的鼓动下，荣县的新式学堂迅速创办起来，学堂数和学生人数都居四川各州县前列。[①] 新式学堂的发展为资产阶级民主革命思想在荣县的传播，为同盟会组织在荣县的独立和发展准备了条件。

戊戌变法的失败撕下了清政府虚伪的面具，一些知识分子开始转变思想，出国去寻求富国强兵之策。不少前往日本的荣县学子，在资产阶级民主革命思潮的激烈震荡下，走上了资产阶级民主革命道路。1905年中国同盟会在日本成立，荣县学子们先后加入其中，回川后更是积极地开展武装斗争，成为领导革命的中坚力量，为推动资产阶级民主革命运动在全国的高涨，特别是四川革命运动的高涨和荣县的独立奠定了坚实的基础。

同盟会领导下蓬勃发展的荣县起义

同盟会十分重视在四川的革命工作，孙中山曾说过：“扬子江流域将为中国革命的必争之地，而四川位居长江上游，更应及早图之。”为了壮大革命力量，团结广大人民群众，唤醒民众参与爱国革命的热情，同盟会在四川

① 据档案资料统计，1909年全省大多数州县的学堂都在100所以下，而荣县学堂则多达208所，居全省各州县的第五位。

各州县建立分会，并吸收四川会党中势力较强的哥老会[①]加入同盟会，极大地巩固了革命的群众基础。[②] 荣县同盟会员也积极加强与各地会员的联系，积极发展革命力量，联络社会各界人士，为反清革命做准备。

1911年5月，四川保路运动发生后，同盟会成员开始转变策略，采取“外以保路之名，内行革命之实”的策略，在保路同志会内部积极地开展工作，旨在将保路同志会转变成为保路同志军。当时，从日本留学归来的龙鸣剑[③]等人积极响应同盟会的方针。为了把握革命时机，龙鸣剑立即召集全省各地同盟会成员，召开秘密会议，共同研究保路运动中同盟会的立场、态度和策略，形成了“借名保路，提挈人民，组织民军，共同革命”的决定，并派同盟会员分赴各州县推动革命运动的深入开展。8月4日，龙鸣剑同川西南党人和哥老会首领以“攒堂”名义在资州罗泉井召开会议，商讨起义相关具体事宜，希望依靠哥老会力量控制保路同志会，改同志会为同志军。罗泉井会议为武装反清起义奠定了组织和军事基础，有力地推动了四川革命进一步发展。8月27日，哥老会首领王天杰[④]等在五宝镇宣告荣县革命武装起义，发动罢市罢课、抗租赋的斗争。与此同时，同盟会还积极争取民团，把地方民团从封建统治阶级手中夺过来，改造成革命的武装，受同盟会掌握和指挥。

---

① 四川哥老会是一个群众性很强的秘密组织，其潜在力量遍布于全川各县各阶级，它的成员是游民无产者，即破产的农民和手工业者，同农民有天然的联系，许多贫苦的农民都加入其中。

② 中国人民政治协商会议全国委员会文史资料研究委员会：《辛亥革命回忆录》第三集，文史资料出版社，1962年，第5页。

③ 龙鸣剑（1877—1911），名骨珊，字顾三，荣县五宝镇人，中国近代资产阶级革命者，民主革命党人，中国同盟会会员，光绪年间秀才。1907年赴日本留学，加入中国同盟会。回国后任四川省咨议局议员，组织四川保路同志军，发动武装起义。1911年11月在宜宾乡下去世。

④ 王天杰（1891—1913），字子骧，四川荣县人。1906年加入同盟会。1911年，任荣县民团训练所督办。同年5月，清政府宣布铁路国有政策后，他受同盟会委派与龙鸣剑等参加了四川的保路运动。四川光复后，任临时省议会议员，二次革命时响应讨袁，后在驰援重庆时被俘牺牲。

同盟会在荣县城内文昌宫组织了民团巡礼所，王天杰出私产千金，招收学生数百人，进行军事训练，并从学生积极分子中发展同盟会员。

9月7日“成都血案”发生，龙鸣剑用“水电报”[①]将成都血案的消息传递到全川各州县，号召各地同志军迅速起义，讨伐赵尔丰，与清政府作斗争。“水电报”发出后，全川各州县的武装反清斗争立即铺展开来。龙鸣剑也立即赶回荣县，与荣县的同盟会成员召开起义动员大会。动员大会上，荣县人民革命热情空前高涨，纷纷加入同志军。会后，龙鸣剑和王天杰率领荣县同志军1000余人立即北上攻打成都，在中途与清军发生了激烈的战斗。后同秦载庚率领的同志军组成东路军，在仁寿杨柳场成立东路军总部。整合后的东路军再次向成都发起进攻。

四川保路运动兴起后，在日本的吴玉章[②]奉同盟会总部之命回川工作，途经上海时，宋教仁考虑到他在同盟会员中的威望，特安排他主持四川同盟会的工作。他回荣县时，正好碰上荣县同志军出师北伐，于是他受龙鸣剑之托担负起领导荣县后方工作的重任。吴玉章同留在县内的同盟会员充分地调动荣县各界人士的爱国热情，孤立、打击地方反动势力，大张革命正气，果断地遏制了大地主等对同志军的诽谤和破坏。同时，吴玉章在经济上实行按租捐款，为同志军筹集粮饷；在军事上成立军事训练班，加紧

① “成都血案”发生当晚，龙鸣剑趁夜色深沉，暴雨将至，清军防守松懈之际，直奔锦江河畔城南农事试验场，与朱国琛、曹笃等会合。他们连夜裁制木板数百块，大书“赵尔丰先捕蒲、罗，后剿四川，各地同志速起自保自救”21字，涂以桐油，包上油纸，投入锦江，木板乘秋涨顺流而下，不到一日便传遍了川西南地区。时人谓之“水电报”。

② 吴玉章（1878—1966），原名永珊，字树人，四川荣县人。1903年赴日本留学，1906年加入同盟会，1925年加入中国共产党。吴玉章与董必武、徐特立、谢觉哉、林伯渠一起被尊称为“延安五老”。中华人民共和国成立前，1946年，吴玉章兼任中共四川省委书记，1948年任华北大学（今中国人民大学）校长。中华人民共和国成立后，被选为第一、二、三届全国人民代表大会常务委员，兼任国务院文字改革委员会主任、全国教育工会主席、中国自然科学普及协会主席等职。

训练各乡民兵，在县城内开设军事训练班，全力支援前线，为壮大起义队伍做准备。当东路军决定分兵收复州县时，吴玉章还参与东路军军机大事，管理一切密令。

不久，龙鸣剑病重离开部队，王天杰感到势单力薄，于9月24日深夜率领起义军回师返县，荣县知县和许多土豪劣绅闻风而逃。吴玉章见时机成熟，提出立即宣布独立，得到了众人的赞同。9月25日，吴玉章和王天杰等人在荣县城内学衙门召集荣县各界人士召开大会，宣告荣县独立，成立军政府。

荣县的独立敲响了清朝统治的丧钟。清政府极度恐惧，连忙派出重兵疯狂反攻。荣县新政府在荣县人民的支援下同清军展开了激烈的斗争，屡次转危为安，在风暴中坚持了很长一段时间。

荣县独立，建立革命政府，第一次将孙中山、黄兴等革命领导人建立资产阶级共和政府的想法变成了现实。同时，它也为四川保路运动，甚至是全国的革命运动指明了方向，树立了典范，极大地推动了四川革命运动的发展，为推翻我国两千多年的封建统治，建立中华民国，立下不朽功勋。

反帝反封建：四川人民在五四运动中的斗争

1919年的五四运动是中国历史上具有划时代意义的里程碑，这次反帝反封建的伟大革命运动标志着中国的民主主义革命进入了一个新的历史阶段——新民主主义革命阶段。最先爆发于北京的五四运动，以雷霆万钧之势席卷全国，同时也激荡着僻处中国西南的四川。五四运动在四川引起了强烈的反响，斗争规模大，持续时间长，形成了深远的影响。

五四运动前的四川社会

地处中国西南的四川，地域辽阔，人口众多，物产丰富，是西南各省政治、经济、交通的枢纽，具有重要的战略地位。但随着1840年鸦片战争的爆发，中国开始沦为半殖民地半封建社会，四川也逐渐陷入了帝国主义列强侵略的泥潭。

帝国主义入侵四川，最先采用宗教渗透的方式。从1858年6月签订《天津条约》开始，大批传教士被派遣到四川。[①] 这些传教士是帝国主义进行思想文化侵略的重要工具，也是帝国主义列强在四川收集经济、政治情报的间谍。继宗教侵略之后，是各帝国主义列强的经济入侵。中英《烟台条约》《烟台条约续增专条》使四川乃至整个西南地区的门户被打开，条约中通商口岸的开放为帝国主义经济入侵西南地区打开了通道。中日《马关条约》的签订，更是加深了四川半殖民地化程度。帝国主义列强凭借其在川的政治、经济势力，大量倾销商品，掠夺农产品和工业原料，致使四川白银外流，物价飞涨，四川社会经济遭到极大破坏，加重了四川人民的苦难，进一步加深了四川半殖民地化的程度。但同时也要看到，帝国主义的入侵，在客观上加速了四川自然经济的逐渐解体，在四川内部积累了一些资本财富，为四川民族资本主义工业的发展准备了必要的内部条件，刺激了民族资本主义的发展。[②]

---

① 据不完全统计，从1863年到1909年的40余年间，法、美、英、德等国派到四川的传教士达515人，其中1901年至1909年的9年，和1885年至1900年的15年相比，英国传教士增加了60%，美国传教士增加了1倍。见罗宗荣：《四川地方史十讲——新民主主义革命时期》，四川人民出版社，1991年，第43页。

② 据《中国近代手工业史资料》统计，在棉纺织业手工厂创办初期（1900—1905年），重庆创办的织布厂占同期全国创办织布厂总数的30%。全川至1915年开办的工厂有1955个，其中使用机器设备的有4个，职工达38200余人。同时，煤矿、冶金、采矿、电力、印刷等领域也取得极大发展，开始使用大机器和先进技术。

除了帝国主义野蛮掠夺外，四川还是我国封建压迫和军阀剥削最为严重的省份之一。只占全省人口百分之六左右的地主，占有百分之八十以上的土地，地租剥削占了田地实际收入三分之二以上。此外，当时省内大小军阀长期割据，战火频频。20世纪头20年，四川所发生的大小战争竟有470次之多。军阀们为了争霸，不断扩充军队，增加军费开支。为此，省内大小军阀们加紧搜刮民众，除了征收正税以外，还有各种附加税。到1919年，各种附加税竟超过正税几倍。在这些苛重的压榨下，广大劳动人民苦不堪言。

四川青年学生在帝国主义的侵略、封建势力的残酷统治和军阀的长期混战下，面对满目疮痍的四川，面对失学失业、家破人散的惨状，一致要求打破现状、追求光明。这也是当时全民族的、人民大众的共同愿望。

五四运动在四川

五四运动首先在四川学界取得响应。1919年5月17日，《川报》在头版刊载了关于五四运动的详细报道和李劼人所写的极富鼓动性的大篇幅按语。当天早上，《川报》送达成都各学校时，引起了极大的轰动。在成都高师食堂内，正在吃早饭的同学马上召开会议，“一致通过拍发通电声援北京学生爱国运动，声讨北京卖国政府，要求罢免曹汝霖、章宗祥、陆宗舆，呼吁全国各界一致拒绝巴黎和会签字”[①]。当天上午，30多所高校千余名学生闻讯聚集在高师广场，商量对策，并走上街头进行游行和演讲，通电各省和四川各县，呼吁共起反日救国，抵制日货。24日，重庆川东师范、联中、巴县中学等60多名学生发起集会，成立“川东学生救国团”。25日，成都60多所学校的6000多名学生、各界代表以及积极的市民、军人等共万余人在少城公

① 《随感录》，《星期日》第24号。转引自《四川大学学报》，1983年第2期，第6页。

园召开大会，成立“四川学界外交后援会”，大会呼吁誓死捍卫国家领土主权，不聘请日本人做教习，不到日本留学等。会后举行了声势浩大的示威游行，学生们纷纷前往省长公署、督军署请愿。

当时的四川督军熊克武、省长杨庶堪都是南方政府任命的，又都是长期追随孙中山的老同盟会成员，本身就对北洋军阀政府极度反感，此次北洋军阀政府在巴黎和会上的卖国表现，更是让他们厌恶不已。在五四运动爆发之际，他们就向重庆等地方政府转发了呼吁各方共同反对北洋卖国政府的漾电，表明自己的立场。这体现出五四运动在四川的一个重要特点——不仅在工商学军各界取得了极大的发展，而且也延伸到了官方高层，得到了明确的认可和支持，这使得五四运动能在四川迅速广泛地传播开来。

从5月下旬到6月，四川开展的爱国运动，已由成渝两地扩展到各县城乡，各地纷纷罢课罢市，各界人士联合起来进行斗争，成立各种支援团体。许多学生在暑假期间回到家乡，积极组织群众投入运动。为响应北京学生的罢课宣言，6月3日，重庆20多所公私学校同时罢课，2000多名学生在打枪坝举行游行警告大会。成都的工人阶级也开始觉醒，在5月底到6月初，连发了三次“敬告同胞书”，组织起“工役外交后援会”，采用集资和力役的方式来支援运动。随后商界也以罢市的方式加入运动。很快，全川罢课、罢工、罢市的“三罢”运动便蓬勃发展起来。6月8日，成都各界两万余人在少城公园召开大会，痛斥北洋军阀政府，要求对日经济绝交，抵制日货。有些参会人员甚至将带来的日本衣服、眼镜、雨伞、帽子等当场毁坏。这次万人大会的召开进一步推动了五四运动在四川的发展。

在包括四川人民在内的全国人民的英勇斗争下，北洋政府迫于压力，于6月7日释放了被捕学生；10日，罢免了曹汝霖、章宗祥、陆宗舆三人的职务；28日，中国代表团拒绝在和约上签字。至此，五四运动“外争国权，内惩国贼”的直接斗争目的实现，取得了初步的胜利。而之后“提倡国货，反对仇货”[1]的行动则是五四运动的继续深入发展，是五四运动的延续。这一行动在四川坚持了三年之久，取得了巨大的胜利。

五四运动在四川的发展有着极为重大的历史意义。首先，五四运动极大地促进了新文化运动在四川的发展。其次，五四运动促进了马克思主义在四川的传播。在五四运动中，四川无产阶级开始登上历史舞台，积极参与反帝国主义反封建的斗争，并建立了自己的组织，这为马克思主义在四川的传播奠定了阶级基础。最后，五四运动还推动了四川留法勤工俭学运动。经过五四运动的洗礼，一大批四川的有志青年都想出国去寻求救国之路。这些留法勤工俭学的学生回国后，为中国共产党的建立和发展，为我国的革命事业，为中华民族的独立解放，立下了不朽的功勋。

寻找光明：四川留法勤工俭学运动

五四时期不仅是中国社会由旧民主主义革命向新民主主义革命转变的一个伟大历史时期，也是新思潮猛烈冲击封建传统思想，促进广大青年学生思想觉悟和解放的一个关键时期。在新思潮的推动下，他们纷纷走出国门，寻求救国救民之法和自身发展之路。僻处西南的四川是留法勤工俭学的大省，参与人数最多，占同时期全国留法勤工俭学学生总数的三分之一。在这些留学生中，产生了许多后来中国革命的骨干力量。其中，邓小平、陈毅、聂荣臻、刘伯坚等人都在留法过程中转变了自己的奋斗目标和人生轨迹，在归国后，为中国的革命和建设奉献了伟大的一生。

四川留法勤工俭学运动可分为两个阶段：第一阶段，1912年下半年至

① 对日货初称劣货，后称仇货。

1914年“二次革命”失败，这一阶段主要是俭学；第二阶段，从1917年初起，勤工俭学运动再度兴起，以勤工为主。

吴玉章与留法勤工俭学运动

吴玉章是留法勤工俭学的发起人之一，在他的积极倡导、组织和省内各界人士的广泛支持和赞助下，四川留法勤工俭学运动迅速发展。吴玉章早在1912年就同其他有识之士发起成立了全国留法俭学会，这个团体是最早提倡和组织中国青年赴法留学的机构，主要是采用俭学的方式。1912年6月吴玉章又在四川成立了留法俭学会四川分会，四川分会在当年11月就送出16名学生赴法俭学。1914年，因反对袁世凯复辟，吴玉章遭到北洋政府的通缉，被迫逃到法国，国内的留法勤工俭学运动陷入停顿。1917年2月，吴玉章回国后，便立即回到四川，重新振兴四川留法勤工俭学运动，并获得了社会各方的支持。再度活跃的留法俭学会四川分会以“勤于工作，俭于求学，以促进劳动者之知识”为宗旨，开始将勤工和俭学结合起来。

四川留法勤工俭学运动一开始便与官方有着密切的联系，得到了当时各级官员中开明人士和各界名流的支持和赞助。[①] 1918年春，在李石曾和时任省长杨庶堪的大力支持下，“中国留法勤工俭学会成都分会留法预备学校”得以创立，功课以法文为主。

吴玉章在当时四川留法勤工俭学生中有着崇高的威望。在四川局势动荡的时期，留法勤工俭学生在生活和工作上受到了极大的影响，几乎快被逼入绝境。吴玉章奔波努力，为这些学生争取到了常年经费4万元和临时救济费

---

① 1919年6月留法预备学校第一届学生毕业时，杨庶堪和熊克武拨出1.2万元，宣布：凡毕业考试名列前30名者，由省府发给每人400元作为赴法费用。此即所谓的“官费生”。陈毅及其兄都在前30名之内。

1万元，这对他们无疑是一个巨大的鼓舞和支持。四川留法勤工俭学生在学习和经费上遇到困难时，也是以学生会的名义，向吴玉章致函，希望得到帮助。这足以体现学生们对吴玉章的信任与尊重。

吴玉章在四川留法勤工俭学运动中的地位、作用和影响是有目共睹的。他以自己的巨大声望和实际行动积极筹建留法勤工俭学组织，争取各方支持，为四川青年创造了留法机会，并十分关心他们的生活和学习。四川留法勤工俭学运动取得如此非凡的成就，其中吴玉章做出了巨大的贡献。

四川青年积极参与留法勤工俭学运动

成都留法预备学校第一届招收了包括陈毅等人在内的80多名学生。第二届招收学生3个班，共240名。肖树城、穆清、李季达、范易、许祖雄、程秉渊等为此届学生。[①]

1918年8月，重庆总商会筹资创办了重庆留法勤工俭学预备学校，招收学生100余人，邓小平、冉钧、周贡植等在其中。重庆的预备学校除讲授法语外，增加了中文、数学、工业知识三门课程，让学生在基本的法语之外，还能掌握一定的工业技术知识，为在法国勤工俭学打下基础。在北京高等法文专修馆读书的100多名四川籍学生成立“工读社”，创办《工读》月刊，主要讨论关于留法勤工俭学的问题，以及刊登早期赴法留学生寄回来的通讯和书信。四川江津中学的学生因为积极参与响应五四运动，被地方军阀排挤。为表反抗，聂荣臻、钟汝梅等21人选择离开学校，奔赴法国勤工俭学。同样，在五四运动中被捕的北大四川籍学生熊天祉在被释放后也选择赴法。袁庆云等因为参加进步活动而在国内无法立足的学生，也都被迫赴法留学，

① 中共四川省委党史研究室：《四川留法勤工俭学运动》，四川大学出版社，1993年，第6、7页。

寻求出路。

1919年10月10日，成都留法勤工俭学预备学校第一届毕业生61人到达法国马赛港；1920年10月中旬，重庆预备学校的84名学生到达马赛后转道巴黎；1921年1月20日，重庆预备学校第二届毕业生94人到达马赛。

四川留法勤工俭学生在法的艰难岁月

1919年春至1920年秋，正处于第一次世界大战结束后经济恢复期的法国急需大量劳动力，当时法国的人数不多，因此对勤工俭学生的到来，中法双方都很重视。学生们一到法国，华法教育会便立即与工厂和学校联系，为他们安排工作工厂和补习学校。所以在抵法之初，勤工俭学生找工作并不难，但大多数干的是法国人不愿意干的累活、粗活，如砍树、埋尸、挑土、搬运石头、烧水、背木头、背铁板等。①

四川学生比较集中的是克鲁梭工厂，他们的住地离工厂很远，要坐火车上下班，每天必须早上3点就起床，要是迟到多了就有被开除的危险。在高强度的工作下，学生都长期处于极度疲惫的状态，不少人下班后在火车的车厢里就睡着了。学生的生活也极度艰苦，住的是木板工棚，睡的是双层床，几个人共用一个汽油炉，一起做，一起吃，吃得极省，因为每人每天只有10—15法郎，还要从中积蓄学费。川籍留法勤工俭学生周钦岳回忆说："我们既是杂工、临时工，工资可以说是最低，大致每日10法郎左右……每人每日工资所入，除了全部必需费用外，所余无多了。"尽管工作和生活如此艰辛，但大多数人还是在坚持学习，有的写文章、办刊物，有的积极参加法国工人或华工的活动。

---

① 田雪梅，鲜于浩：《四川留法勤工俭学生与旅欧党团组织》，《四川师范大学学报（社会科学版）》，2003年第4期，第134—140页。

但是好景不长，1921年初，法国陷入经济危机，不仅新来者找不到工作，就连已在工厂做工的学生也先后被工厂遣散。大批学生没有工作，更别说去学校读书。无工无钱的学生只能去华侨协社，过着每天领5法郎维持费的艰苦生活，状况十分凄惨。[①] 在这种艰难的境况下，作为组织者和发起者的华法教育会和驻法公使馆不仅没有采取积极的措施来解决问题，反而推卸责任，表示在经济上难以为继，于1921年1月两次发出公告，宣布断绝与勤工俭学生的经济关系。甚至还有驻法公使扬言要把无工的学生遣送回国，这进一步将学生推入进退维谷的境地。

在经过艰苦的工作、失工和失学的磨炼后，学生们深刻地看到了法国社会的不平等、不自由、不博爱的真实状况，感受到了资本主义的残酷、虚伪和不合理。陈毅曾写道："法国的工厂生活，是寄在资本制度的下面，不容工学者有发展余地，尝感着一种迫我同化的压力。……资本家完全为自己利益起见，是毫无人心，我才知欧洲资本界是罪恶的渊薮。"[②]

为了改变困境，广大学生不得不向中法当局就生存权、求学权展开激烈的政治斗争，分别开展了"二二八运动"、反对中法秘密借款的"拒款运动"和"争回里昂中法大学"运动。三大运动都以失败告终，这对整个勤工俭学生群体来说是一次沉重的打击，他们开始感到无论是工读还是俭学都难以达到改造社会的目的，看清了中法当局的利益和步调是完全一致的，必须同一切反动派进行坚决的斗争。斗争的经验也促使了先进分子新的觉醒，他们开始明确意识到建立一个严密的、战斗性强的组织的必要性。不久之后，旅欧中国少共和中共旅欧支部诞生。

---

① 据华法教育会向法国政府提供的数据，失工并向华法教育会告贷的学生人数达123人，其中四川学生43人。

② 中共四川省委党史研究室：《四川留法勤工俭学运动》，四川大学出版社，1993年，第10页。

留法勤工俭学生到法国后，在生活上、工作上、思想上、政治上经受的折磨以及中法政府的迫害是罕见的，但四川留法（及欧洲其他国家）勤工俭学生中的绝大多数和全国其他省份的留学生一道在国家危难、民族命运堪忧的时刻，把个人的理想与国家前途凝结在一起，以非凡的毅力、坚强的意志、丰富的实践，谱写出了中国近代革命史、教育史和留学史上的光辉篇章，不仅自身得到了锻炼，还为共产主义事业在中国大地上生根发芽立下了不朽的功勋。他们为民族独立解放而献身的斗争精神为后来者树立了光辉的榜样，留下了宝贵的精神财富。

曙光初照：马列主义的传播和中共四川党组织的成立

五四运动前夕，马克思主义在中国的传播还只是在极小范围内。五四运动以后，便出现中国第一次大范围的马克思主义宣传运动。在四川，五四运动后，出现了宣传马克思主义的团体和刊物，先进的知识分子逐步把马克思主义输送到工人中，为推动四川革命运动的持续发展准备了条件。

王右木与马克思主义的传播

王右木，四川江油人，1914年留学日本，先后结识了李大钊、李汉俊、李达等革命者。五四运动前夕，王右木从日本回到了阔别四年的故乡，受聘于成都高等师范学校。他怀着救国救民的抱负，利用教学的机会，在课堂上宣传马克思主义的原理，并结合社会现实，深入浅出地讲解马克思主义的经济学原理。

1921年，王右木组织建立了四川第一个以青年知识分子为主的马克思读书会，参与人员主要有大中专院校的学生、中小学教师、新闻记者、工人。当时四川学生联合会中有一半的高校代表都参加过读书会。读书会每周星期天集会一次，在学懂的前提下，自行阅读，分组讨论，交流心得，利用纪念日、节日等举行讲演会。为了扩大影响，有时候也会邀请非会员参加集会。在读书会上，王右木经常会给会员讲《资本论》、唯物史观、社会主义精髓等有关理论问题。学习进一步深入之后，王右木就组织会员们在自己所在的单位开展活动，如成都女师学生李竹云、周斌如等人就在女师进行革命宣传活动。读书会会员最多时达100人以上，不仅团结了大批进步青年，而且扩大了马克思主义在四川的宣传，为四川培养了大批革命骨干，为党团的建立和马克思主义的广泛传播打下了基础。

1921年7月，中国共产党诞生这一划时代的事件，成为中国革命走向胜利的起点。为把马克思主义的革命理论尽快普及到群众中去，1922年2月7日，王右木在高师学生刘先亮和读书会会员们的协助下创办了《人声报》，这是四川地区第一家以宣传马克思主义为主要任务的刊物。《人声报》的出版，不仅使马克思主义的革命理论传播到更广大的群众之中，更主要的是给四川革命运动指明了前进的方向。

《人声报》由于传播马克思主义理论的旗帜鲜明，在当时的社会中所受褒贬不一，被当局视为洪水猛兽。当局认为它“语极离奇”，予以警告。《人声报》出版到第三号时，被省会警察厅勒令停刊，经王右木巧妙周旋才得以复刊。[①] 但在当局的不断迫害和王右木一人支撑办报经费的压力下，创办仅五个月的《人声报》还是被迫停刊了。虽然《人声报》存在的时间不

① 王右木巧妙地在《国民公报》上发表了关于《人声报》停发原因的启事：“本报第三号业由警厅命令停止出版，谓‘本号言论纯为鼓吹社会主义而作’。谨向爱读本报诸君道歉，已订报者准于后期出版补送。”短短几十个字，既揭露了当局压制言论自由的行径，又提醒人民认识黑暗世道并与之斗争。

长，但是公开的宣传、鲜明的观点、坚定的立场和勇敢战斗的精神，有震动全川青年之势，唤起了广大人民。

马克思主义的广泛传播

在达县，1921年冬，吴玉章赴达县讲学一个月左右，讲授“现在中国之命运”，宣传“劳工神圣”和“不劳动者不得食”的革命观点。1923年春，王维舟回到家乡宣汉县，创办新群女子高小学校，在学校里积极宣传苏联的十月革命，培养革命人才，组织青年和学生进行共产主义小组活动。

在泸州，1922年的马克思诞辰日，恽代英在川南师范及附属小学的部分学生和青年教师中，组织了马克思社会主义研究会。

在万县，1922年秋，著名的马克思主义理论家萧楚女，应恽代英的邀请来川从事革命活动，在万县省立第四师范学校任教，组织学生学习《新青年》《向导周报》等革命刊物，秘密建立社会主义青年团组织，在万县地区播下了最早的革命种子。

在南充，五四以后，宣传革命理论的刊物开始在学生中广为流行。《人声报》《少年》《唯物史观》《阶级斗争》等宣传新文化和革命理论的书刊在南充学生中被广泛传阅，马克思主义研究小组也在进步师生中建立起来。

在重庆，吴玉章在四川“自治运动”中，积极宣传马克思、列宁的主张，提出建设平民政治，不做工、不得食，组织民众武装反对军阀武装。重庆地方团执行委员会在成立宣言中说：我们信仰唯一的主义，马克思主义；我们取用唯一的手段，经济革命；我们达到唯一的目的，无产者的国家。

马克思主义在四川的广泛深入传播，为建团、建党做好了思想上的准备。

马克思主义与工人运动相结合

经过五四运动的磨炼，四川工人阶级的革命觉悟普遍提高。成都印刷工人在高师学生的帮助下，成立“印刷界劳动互助团”。成都工界进步人士成立“南门劳动自治会”。重庆成立总工会。辛亥革命后成立的四川省工会在停了几年后也恢复了工作。自发筹建的工人革命团体也不断出现，罢工运动时有发生。为了把工人的革命运动推向更高层次，四川工人阶级迫切需要找到新的精神武器。

十月革命的胜利和五四运动的发展，使中国知识分子改变了轻视劳动人民的观念，开始认识到劳动人民是最有力量的，走上了知识分子与劳动人民相结合的道路。先进的知识分子在找到切实可行的马克思主义后，也迫切需要从工人阶级中找到物质力量和坚强后盾，在革命斗争中锻炼自己，实践革命理论。

1922年冬，四川团地方执行委员会遵照中央指示，把团的工作转向劳工活动和建立革命的劳工组织方面。王右木组织青年团员认真讨论了成都工人队伍的状况，深入工作较难的长机帮工人，通俗易懂地宣传组织革命工会的意义，并开办了工人夜校，向工人宣传马克思主义的理论。在王右木和青年团组织的努力下，成都先后建立了20多个行业工会。

1923年5月1日，成都部分工人在青年团的组织下，正式成立成都劳工联合会，这是全川最早在党的领导下建立的工人组织，《川报》著文称其是“成都破天荒之工人盛举，是为工人谋利益的真正的工会”。重庆团地委建立后，在开展马克思主义宣传的同时，也积极开展工人运动，在1923年5月1日劳动节、5月4日纪念五四运动日、5月7日国耻日，都举行了工商学的大规模纪念会和游行，并喊出了“打倒帝国主义！”的口号。与此同时，吴玉章等人以高师为基地，积极开展革命活动，派人深入工厂，发展工人运动，组织工会，深入乡村，发动农民，和成都社会主义青年团组织联合推进成都地区的革命运动。

工人运动的发展和党领导的工会组织的建立，为中国共产党四川地方党组织的建立打下了坚实的基础。1923年5月中旬，王右木写信给党中央，介绍了成都团组织和革命运动情况，请求中共中央批准四川建党。8月，王右木离川赶赴上海，后转到广州向党中央报告工作，党中央委派他在四川建党。同年秋，在党中央的同意下，四川建立了最早的党组织——中国共产党成都支部，直属中央领导，王右木任书记。

马克思主义在四川的广泛传播和中共四川党组织的成立，促进了一大批革命群众的觉醒，为大革命运动的到来做好了政治上、思想上、干部上的准备。

泸顺起义：中国共产党独立领导武装斗争的早期尝试

1926年9月，在国共第一次合作的背景下，北伐战争胜利推进到武汉。为了配合北伐战争，中共重庆地委及其领导人杨闇公、朱德、刘伯承、吴玉章等组织和领导了中国共产党历史上著名的泸顺起义。泸顺起义有力地支援了北伐，震惊了四川军阀，开创了中国共产党在重庆及四川地区独立领导武装斗争的先河，在中国共产党的历史上有着重要的地位。

配合北伐，部署武装起义

1926年夏秋，北伐军迅速向长江流域推进。位于长江上游的四川省，是军阀势力较强大的地方。四川军阀的向背，很大程度上影响着北伐战争能否沿着长江流域胜利发展。为了策动四川军阀倒戈易帜，配合北伐战争，同时尽量削弱以至消除军阀及其羽翼下的反动势力对革命运动的压制和破坏，中共重庆地委根据中共中央的指示，将工作重点逐渐转向军事运动。

在中共中央的领导下，重庆地委针对各部川军的不同情况，一方面由党、团负责人直接去做同情革命或左倾的川军将领的工作，促使其转向革命；一方面分派党员、团员深入各部开展军运，做下级军官、士兵的工作，在军队中发展党、团员，建立党团组织。万县杨森、涪陵郭汝栋、重庆向时俊，及泸州、顺庆、彭县、合川等部川军先后成立了政治部、国民党党部及政训处等机构，不少师旅一级将领参加了国民党（左派），江防军驻合川的黄慕颜、驻顺庆的秦汉三加入了中国共产党，还有不少师旅开始受到中国共产党的影响。

在详细调查了四川各派军阀情况后，中共重庆地委向中央呈送了《四川各派军阀的动态》和《四川军事调查》的报告，之后又先后派吴玉章、刘伯承和童庸生去上海和广州向中共中央和国民党中央汇报四川政治、军事情况，初步拟定要组织部分川军起义，建立一支左派武装队伍。经中共中央推荐，广东国民政府正式行文派刘伯承为国民政府军事特派员，以号召川军，响应北伐，并组织泸顺起义。

8月21日，国民党中央根据吴玉章的提议，批准成立“四川特务委员会”，全盘负责支援北伐军和接纳军阀部队输诚事宜；成立了“国民革命四川后援会”，组织重庆35个工会，电促川军将领举兵北伐。这些工作形成了强大的声势，为泸顺起义做了必要的准备。

9月5日，“万县惨案”①爆发，杨闇公派陈毅到泸州做泸州方面的起义工作，待起义时率部到顺庆会合。9月下旬，正当北伐军进取武汉时，杨森

① 又称万县“九五惨案”。1926年9月5日，为阻止中国革命的步伐，英国调遣大批军舰来华示威，炮轰万县县城，屠杀中国军民，中国军民死伤一千多人，房屋被毁上千家。

出兵偷袭北伐军，形势十分紧迫。28、29日，杨闇公以国民党莲花池临时省党部名义主持召开了“重庆革命军事会议”，黄慕颜、秦汉三、杜伯乾等12个师、旅长和其他代表参加了会议。会后，杨闇公留下顺庆、合川、泸州的五部分代表会商，初步确定了在这三处举行起义，推举刘伯承任国民革命军川军各路总指挥，暂定一至五路部队序列。

打响泸顺起义的枪声

在国共两党达成共识后，泸顺起义的准备工作也在中共重庆地方执行委员会及军委的领导下紧锣密鼓地进行。

1926年11月中旬，中共中央批准成立了中共重庆地委军事委员会，这是中国共产党历史上成立最早的省级军委之一，标志着四川地区的军事运动有了党组织的统一领导。在成立大会上，与会者一致认为发动起义的时机已经成熟，应适时予以策动，制定了起义的具体计划①，起义部队用国民革命军番号，起义具体时间定在12月5日。之后，中共重庆地委先后派遣了30多名党员分别到预定地区进行准备。

但是由于军阀之间长期的矛盾和斗争，赖心辉、邓锡侯对其将领倾向革命的行动有所警觉，起义提前爆发了。12月1日，泸州驻军赖心辉部陈兰亭、袁品文旅发动起义；3日，顺庆驻军何光烈部秦汉三、杜伯乾旅起义。起义的提前爆发，打乱了重庆地委对起义计划的组织实施，地委立即派陈毅前去泸州，刘伯承赶赴顺庆。刘伯承途经合川时，与黄慕颜共同发动了合川

---

① 争取驻防顺庆的秦、杜、黄3个旅首先起义，以顺庆为根据地，在川北站稳脚跟，随即发动驻防泸州的陈、袁两个旅起义，以相策应；然后，泸州起义部队进发到川北会合，扩编为6个师1个军，以刘伯承为军长，创建由重庆地委实际领导的武装力量；以后再根据实际情况，与西北国民革命军会合。

起义，并将队伍带到顺庆与秦汉三、杜伯乾部会合，召开誓师大会，刘伯承正式就任国民革命军川军各路总指挥，黄、秦、杜三人分任国民革命军川军第一、二、三路司令职。

泸顺起义极大地震动了四川军阀。邓锡侯、罗泽洲为维护自己的势力范围，悍然调遣重兵将顺庆城团团围住，企图一举消灭起义军。面对敌强我弱的态势，刘伯承提出放弃顺庆，进攻绥定军阀刘存厚，待泸州起义军北上会合，再整编入陕的建议。但因顺庆起义军中团长和营长们眷顾家小，不愿撤退，刘伯承只好改变作战方案，决定把起义部队向东转移到开江整顿待命。

1927年1月，重庆地委军委杨闇公、朱德、刘伯承在万县召开会议，为了统一指挥泸州起义军，决定派刘伯承前往泸州。“三三一惨案”①发生后，刘伯承率起义军各路司令联名通电声讨刘湘、王陵基的反革命罪行，并于4月3日在泸州小校场举行了有3万军民参加的声援大会。时值“四一二”反革命政变前夕，已与蒋介石相互策应的刘湘组织本部及联军数万人，围攻泸州起义部队。5月12日，刘湘正式通电讨伐泸州起义部队。此时被敌军包围住的泸州俨然一座孤城，起义部队外无援兵，弹尽粮绝，牺牲惨重。刘伯承被迫于5月16日撤出泸州，中共重庆地委领导的泸顺起义宣告失败。

泸顺起义是中国共产党独立掌握革命武装、举行武装起义的一次勇敢的尝试。泸顺起义虽然失败了，但在当时产生了巨大影响，《新蜀报》称之为“惊破武人之迷梦，唤醒群众之觉悟，影响川局，关系至巨”。历时半年的泸顺起义在一定程度上达到了中共中央关于牵制四川军阀东下、减轻对武汉侧翼威胁的战略目的，是除北伐主战场外，国内支援、配合北伐战争最重大

① 在国共合作统一战线的旗帜下，四川革命运动汹涌澎湃，迅猛发展，形成了反帝反封建的怒潮，特别是泸顺起义分化瓦解了四川的军阀部队，引起了四川军阀的惊恐和仇视。1927年3月，四川军阀以蒋介石为靠山，悍然制造了一场反革命大屠杀，史称“三三一惨案”。“三三一惨案”是蒋介石在上海发动“四一二”政变，公开叛变革命前，勾结地方军阀，共同采取的一个严重的反革命步骤，是四川大革命运动从发展到失败的一个重要转折点。

的军事行动，为推翻北方封建军阀势力做出了重要贡献，也为南昌起义的发动，以及人民军队的创建提供了宝贵经验。这次起义以周密的策划、精心的组织、英勇的实践，成为党在大革命时期改造旧部队的一个范例，为中国共产党独立领导武装斗争锻炼了军事干部，在中国共产党历史上有着重要的地位。

第二章

第二次国内革命战争时期

四川革命读本

中国共产党诞生以后，四川的地方党团组织也相继建立起来。在中国共产党的领导下，四川革命运动翻开了新的一页。

在第二次国内革命战争时期，1927年八七会议后的广大四川人民纷纷站起来，在党的领导下，开展了大量武装斗争，展现出了四川人民不畏强暴的英雄气概。同时，四川建立起了规模仅次于中央革命根据地的川陕革命根据地，把苏维埃的种子广播到了革命形势比较落后的西部地区，形成三大根据地相互配合、策应、支持的良好局面。四川人民在国民党反动派的多次“围剿”中，艰苦斗争，英勇作战，有力地配合了全国革命运动的发展，自身力量也得到了壮大，为不久后开始的战略大转移——长征，打下了坚实的基础。

1934年10月，中央红军主力从闽西、赣南出发开始长征。同年11月和次年4月，在鄂豫皖革命根据地的红二十五军和川陕革命根据地的红四方面军分别开始长征。1935年11月，在湘鄂西革命根据地的红二、六军团也离开根据地开始长征。

1936年7月，第二、六军团组成第二方面军。同年10月，红军第一、二、四方面军在甘肃会宁胜利会师，结束了长征。历时两年多的红军长征，在四川经历的时间长达一年零八个月。红一、二、四方面军途经四川近70个县，加上川陕和湘鄂西革命根据地的川属县，共100多个县，占当时四川县份的60%以上。红军三大主力在四川境内实现了两次成功的大会师并创造了许多惊人的战斗奇迹。红军在四川境内经历了万源保卫战和飞夺泸定桥、过雪山草地等一系列斗争，可谓是红军长征途中最艰难、最激烈的阶段。

长征是中国革命无比艰险的一个缩影，它是党和红军的伟大精神力量最生动的写照。同时，在人类战争史上，红军长征也是绝无仅有的史诗般的伟大创举。

武装斗争：红军入川前党领导的武装起义

1927年四川“三三一惨案”的发生，标志着大革命运动在四川的失败。此后，四川革命进入了第二次国内革命战争时期。4月11日，蒋介石发出“已克服各省，一致实现‘清党’”的反共密令后，成都出现多个反共反动组织，屠杀共产党人和革命人士，破坏中共地方组织，镇压革命群众，在全川进行残酷血腥的“清党运动”。中共四川地方组织面对百万之众的军阀和地主的反革命武装，在白色恐怖的笼罩之下，领导人民群众坚持不懈地以革命武装斗争反抗国民党反动派的血腥统治和残酷屠杀，在中国革命史上写下了壮怀激烈、光辉灿烂的篇章。在众多的武装斗争中，遂蓬起义、广汉起义、川东农民起义、升保暴动尤为瞩目。

遂蓬起义

早在1926年，川军二十八军第七混成旅旅长邝继勋等一些军官就先后加入了共产党，共产党在邝继勋的旅中从连、营、团开始相继建立起党的组织，组成了党的领导核心旅委会，各级政治指导员多由共产党员担任。1929年初，邝部移驻广安，后驻遂宁射洪嘴。随着四川工农革命运动的再次兴起，四川军阀对邝部的革命活动深感紧张，在“整肃”阴谋未遂后，邓锡侯、黄隐停发了该部粮饷；李家钰、罗泽洲等军阀又欲吃掉邝部。情势紧迫，旅党组织经过研究后决定起义。

1929年6月29日，全旅官兵2000余人在遂宁、蓬溪交界处大石桥宣布起义，打出了“中国共产党四川红军第一路”的旗帜。这是第二次国内革命战争时期党在四川领导的大规模革命起义之一。起义发动后，中共四川省委发出了《为江防军第七混成旅全旅兵士举行革命兵变宣言》，宣告这次起义的目的是推翻反动统治，建立苏维埃政权，并号召一切工农、兵士、平民，在党的领导下，团聚自己的力量，坚实自己的组织，准备暴动。起义部队原计划到万源与李家俊领导的第一路红军游击队汇合，开展游击战争，但起义后就遭到刘湘、刘存厚、田颂尧等部几十个团的联合“围剿”。部队边走边打，经蓬溪、西充、南部、巴中、营山、渠县等县境，7月中旬在攻打梁平猫儿寨中失利，在敌人的前堵后追、左右夹击下，部队撤到开江县马鞍山的夹巢沟时，大部分部队被敌包围击散，一部转移至达县万家坝碗厂沟云雾山一带，又被敌击溃，起义失败。

遂蓬起义虽然失败了，但却打击了军阀的气焰，壮大了四川武装斗争的声势，鼓舞了川东北人民的革命斗志。

广汉起义

1925年以来，邓锡侯第二十八军所辖第二混成旅一直驻防广汉。大革命失败后，成、渝两地大搞白色恐怖。中共四川省委和川西特委将一批共产党员和进步人士转移至广汉，安置到军队和地方工作，并在该旅旅长陈离的部队中建立了特别支部。到1929年春，该旅已有党团员100余人，大多数的团、营有共产党的基层组织，并建立了有旅长陈离参加的共产党外围组织——“五育社”。中共在第二混成旅组织的发展和频繁活动，引起了四川军阀的注意。他们决定对该旅进行清理和整顿。中共四川省委得到这个情报后，决定提早发动该旅驻广汉两个团的起义。经过十多天的努力，一切准备工作就绪。

1930年10月25日夜11时，起义爆发。起义人员首先占领电话局和电灯公司，控制了通信和照明系统，砸开武器库夺取了枪械弹药，扣押了反动军官，处决了劣迹斑斑的旅部军需处长、原县长雷雨膏，并于当晚与旅部手枪队有过一场短时间的战斗。26日，革命风暴席卷县城。起义士兵将一批官僚、豪绅逮捕，令其缴物赎罪，用以筹措军饷；销毁县政府征粮册，开仓济贫，解救被囚禁的无辜群众；派出宣传队，向群众宣传、讲演，散发传单，鼓舞士气；设置招兵站，接受群众参军，扩充部队力量。午后，前敌委员会在公园大操场召开全体起义官兵大会，将原第二混成旅第一、二团改编为红军第二十六军第一路。当日下午4时许，起义军向绵竹进发。

正当起义军向绵竹方向转进时，四川军阀组织了大批的正规军和德阳、什邡、绵竹等县民团协同“围剿”起义军。在困难局面下，起义军奋起反抗、英勇斗争。其间，起义队伍中有一个大队长擅自率部撤退，由于部队改编时，打乱了原建制，这一行为导致队伍指挥失灵，处境被动，情况不容乐观。前委审时度势，决定立即撤离，向汉旺进发。转移途中，不断遭到军阀部队和民团、土匪的截击，伤亡甚多。10月30日，起义队伍抵达汉旺。正值休息时各路敌军大至，起义军人心浮动，不断溃败。鉴于起义军军心涣散，无法再战，前委果断决定外来干部就地分散转移，战士每人发给路费回家。至此，历时近1周的广汉起义失败了。

川东农民起义

为贯彻中共中央八七会议确定的武装斗争方针，从1927年10月起，中共四川临时省委开始在川东地区开展群众工作，准备武装起义。1929年4月27日，万源、宣汉和梁山（今梁平）、开江等县的部分工人、农民，在万源县固军坝举行武装起义，组成红军川东游击军第一路，建立起了以固军坝为中心的革命根据地。1930年5月，游击军第一路在国民党军进攻下失败。1930年4月，中共四川省委军委书记李鸣珂发动驻涪陵的国民党第二十军的两个连起义，并组成川东游击军第二路。川东游击军第二路活动于长江南岸丰都、石柱交界地区，与第一路遥相呼应，后遭川军和地主武装伏击而失败。

1930年7月，梁山县共产党组织发动虎城场、南密坊及周围地区农民起义，并组成游击队。随后，这支游击队与当地党组织掌握的两支农民武装合编，在忠县黄钦坝组成川东游击军第三路，开始在川东坚持游击战争。1931年夏，重新组成后的川东游击军在梁山的百里槽、宣汉的南坝场、达县的蒲家场等地建立了数块根据地。1932年12月，红四方面军入川后，将川东游击军整编为红三十三军。川东起义及其所组成的游击军，为川陕革命根据地的建立奠定了基础。

升保暴动

大革命失败后，在党中央决定走农村包围城市，建立自己的革命政权的道路指引下，中共四川省委先后组织领导了万源固军坝、涪陵罗云坝和达县虎南坝起义，但均告失败。在充分的调查分析后，省委开始把目光转向了南部县的升钟、保城地区。早在1925年吴玉章到南部县传播革命思想后，南部县就有部分革命青年加入了党组织。1930年，升保地区的革命形势迅速发展，党领导下的农民协会、妇女儿童组织如雨后春笋般成立起来，抗捐抗粮的斗争不断爆发。早在当年的3月和7月，党就发动和组织了两次千人以上的农民请愿斗争，要求减租减息。在进一步发动群众的基础上，党在升保地区还成立了游击大队，用自制的大刀、长矛武装了起来。

1932年10月，反动政府以“刁民抗捐抗粮”为由，调动民团、保安队，企图武装镇压共产党员和革命群众。中共南充中心县委分析了升钟的政治形式，决定先发制人，立即举行暴动。11月25日晚，一支游击队趁敌不备，冲进升钟区公所，缴获了全部枪支弹药。与此同时，另一路游击队包围了区公所后的保安团，一举解除了敌人武装。随后，埋伏的大批革命群众像潮水一般涌向区公所，起义者情绪沸腾，焚烧了反动文书，摧毁了反动政权，赶走了地主豪绅，夺得步枪百余支，子弹数千发。接着，保城爆发了起义，400多名群众占领了保城。皂角、柳树、双凤等地人民，也相继暴动，有力地配合和支援了升钟起义。革命风暴席卷了整个升保地区。

升保暴动，震撼了川北的反动统治阶级，全川第一支共产党领导的工农武装——川北工农武装、第一个基层革命政权——升钟区苏维埃政府从中诞生。虽然在敌人的强力反攻下，革命暂时失败了，但他们的精神鼓舞着人民坚持斗争。不久，红军进入川北，升保人民立即群起呼应，革命的洪流又继续奔腾向前。

第二次国内革命战争时期，在中共四川省委的领导下，武装斗争的烽烟此起彼伏，燃遍了四川的东南西北，不断震撼着四川军阀的反动统治。四川人民的浴血奋战，直接支援和配合了主力红军创建、巩固和发展革命根据地，为实现战略转移付出了巨大的牺牲，做出了宝贵的贡献。其悲壮之举，对中国革命的成功起到了直接推动作用。中国共产党也正是在如此艰难曲折的斗争历程中，不断总结经验，修正错误，一步步走向成熟，最终领导人民取得了革命胜利。

川陕革命根据地：中国第二大苏区的建立和发展

第二次国内革命战争时期，在共产党的正确领导和全体革命同志的共同努力下，全国建立了十多个革命根据地。建立革命根据地是我党在长期的革命实践中发现和总结出的经验。实践证明，建立革命根据地，发展农村武装，实行农村包围城市、武装夺取政权的革命方式是适合我国国情和革命特点的，对夺取我国民主革命的胜利有着重要意义。地处四川和陕西交界处的川陕革命根据地是全国第二大根据地，规模仅次于中央革命根据地，是连通北方根据地和南方根据地的重要桥梁，有着重要的战略意义和军事意义。

川陕革命根据地的建立

1932年10月，鄂豫皖革命根据地的红四方面军主力两万余人，冲破国民党的第四次“围剿”。由于原定要转移去的璩家湾地区已被敌人破坏，再加上敌人胡宗南、刘茂恩等部的围追堵截，红四方面军只好改变计划，继续向西转移。经过多次激烈的作战，红四方面军进入陕南，于12月进抵川北通江县两河口，开始了创建以通南巴为中心的川陕新苏区的斗争。

1933年2月，中国共产党川陕省第一次代表大会在通江县城举行，会议讨论通过了《关于目前形势与川陕省党的任务》《发展党的组织与扩大红军》和立即召开川陕省第一次工农兵代表大会等决议，决定在川陕地区广泛开展土地革命，发动群众，创建苏区，组建中共川陕省委。2月17日，川陕省第一次工农兵代表大会召开，大会讨论通过了《川陕省苏维埃组织法大纲》和土地革命、扩大红军、建立地方武装等决议，成立川陕省苏维埃政府（简称“省苏政府”），宣布省苏政权“属于全川陕工人、农民、红军兵士及一切劳苦群众。在中国共产党川陕省委领导之下，坚决执行中华苏维埃中央政府颁布的一切法令和指示，保护工农劳苦群众利益，彻底推翻帝国主义、国民党、地主豪绅、资产阶级的统治，扩大革命战争，争取苏维埃政权在全川陕的首先胜利，直到全中国的胜利”[①]。

中共川陕省委和川陕省苏维埃政府的成立，标志着川陕革命根据地的正式建立。根据地的红旗高高飘扬，它召唤着劳苦群众起来斗争！

川陕革命根据地的建设

红四方面军进入川北后，为巩固已解放的地区，省苏政府相继颁布了关于土地改革的布告和关于土地、粮食、肃反问题的布告，西北革命军事委员会也颁布了《关于土地问题的布告》，宣告“不但要取消苛捐杂税，还要没收地主阶级的土地，分配给贫苦的工农”，实现工农的翻身。土地革命随即在川陕地区全面展开。贫苦农民在共产党的领导下，组成了贫农团，积极参

① 四川省社会科学院，陕西省社会科学院：《川陕革命根据地史料选辑》，人民出版社，1986年，第165页。

加土地革命，打倒了长期骑在自己头上作威作福的地主豪绅，分得了土地。为保卫胜利成果，他们踊跃参加红军，积极支援红军打仗。随着根据地的扩大，土地革命在更大的范围内开展起来。

在进行土地革命的同时，根据地的党和政权建设也在积极进行。到1935年1月，根据地共建了24个县和1个市的苏维埃政府。党组织构建起了完整的系统。工会、共青团组织、妇女会、儿童团、少先队等社会团体成立，为根据地的巩固和发展做出了重大贡献。

此外，根据地积极发展农业生产，兴修水利，创建和发展了一批军需工业、民用工业，设工农银行，制造货币，统一印制。同时，根据地文教卫生等方面的建设也取得了很大的成就：设有列宁小学，办有各种培训班，建有苏维埃学校、彭杨军事政治学校，并出版发行各种革命刊物；办有红军医院、工农总医院，重视卫生知识普及工作。

粉碎敌人的“三路围攻”和“六路围攻”

红军和苏区的发展，使得正在混战的四川军阀受到了很大的震动。蒋介石及国民政府的川籍要员纷纷致电要求川军停止火并，协力对付红军。1933年2月，受蒋介石任命为“川陕辖区‘剿匪’督办”的第二十九军军长田颂尧集中38个团6万兵力，分左、中、右三路纵队向苏区发动进攻。

面对敌人大规模的“三路围攻”，红四方面军总部制定了“收紧阵地，诱敌深入”的战略方针，在反攻条件成熟时，集中兵力，击破敌人，粉碎围攻。2月18日，敌人的围攻开始，红军英勇阻击，并逐步收紧阵地，诱敌深入至根据地中心区域。5月中旬，红军开始反击，在空山坝取得了重大胜利。仅十余天，红军就收复了全部失地，消灭敌军两万多人，缴获大量武器装备，令田颂尧的部队损失近半，彻底粉碎了敌人历时4个月的“三路围攻”。反“三路围攻”的胜利，使红军在川陕站稳了脚跟，根据地面积增加了一倍以上[①]，同时还肃清了土匪势力，巩固了后方，提高了红军的战斗力，发展和锻炼了地方武装。

“三路围攻”失败后，蒋介石于7月7日急忙任命刘湘为“四川‘剿匪’总司令”，准备纠合四川各路军阀再次围攻红军和川陕革命根据地。敌人新的进攻一时还不能准备就绪，红四方面军利用这一有利的时机，从1933年8月中旬到10月中旬，接连发动了仪南、营渠和宣达三次进攻战役。这三次进攻战役进一步打击和削弱了根据地周围的敌人，使根据地面积进一步扩展[②]，红军得到了充分的人力、物资补给，在作战上有了更为广阔的回旋余地，在战术上得到了进一步的锻炼和提高。川陕革命根据地和红四方面军的发展达到了鼎盛。

从11月开始到1934年6月下旬，以刘湘为首的四川军阀接连向川陕革命根据地发动了四次总攻，红四方面军为了诱敌深入，粉碎围攻，也先后四次收紧阵地，寻机反击敌人。这一战术消耗了敌人大量有生力量，缩短了战线，保存了自己的实力。到七八月份，敌人第五、六两路集中精锐力量，总攻万源，红军与敌军展开了空前残酷的战斗，连续击退了敌人多次猛攻，并组织了东线和西线的反攻。到9月，红军彻底粉碎了敌人的“六路围攻”。

反“六路围攻”历时近11个月，是红四方面军战史上一次规模最大、时间最长、战斗最激烈的战役，赢得了空前巨大的胜利。

---

① 其范围北起陕西镇巴、西乡南部，南至四川仪陇、江口，西抵广元、苍溪附近，东达万源，面积近2.3万平方公里，人口约140万。

② 此时根据地的范围扩展为西起嘉陵江畔，西北达广元县北部和宁羌（宁强）县南部，南到蓬安、营山，东抵城口的范围，拥有四川通江、南江、巴中、仪陇、营山、宣汉、达县、万源8座县城和广元、阆中、蓬安、渠县、南部、开江、城口的一部分地区，面积达4.2万平方公里，人口达500万。

撤离川陕革命根据地

在进攻红军的“六路围攻”中，田颂尧的二十九军几乎全军覆没，其他几个军阀同样损失惨重。面对川军的屡战屡败，蒋介石颇为担忧，他于1934年10月飞抵西安，动员四川、陕西两省力量，亲自部署针对红四方面军的“川陕会剿”。为了冲破蒋介石的“会剿”，红四方面军集结18个团兵力，于1935年1月22日主动发起广（元）昭（化）战役。战役打得十分激烈，到29日，与敌军打了个平手后，红四方面军为保存实力，决定主动撤兵。

广昭战役发起前后，中央红军决定转入川西，从泸州上游渡江，约2月中旬渡江北上，要求红四方面军须“密切地协同作战”“集中红军全力向西线进攻”。红四方面军执行中央指示，立即西进策应中央红军。1935年4月，红四方面军渡过嘉陵江，西北军委等党政机关撤出，标志着川北以通江为中心的川陕苏区在事实上归于结束。

从1932年12月底到1935年4月，川陕革命根据地虽然只存在了短暂的时间，但它在当时整个革命斗争中的地位却是十分重要的。川陕革命根据地的建立和红四方面军的发展壮大，把苏维埃的种子广泛散播到了革命形势比较落后的区域，解放了那里的工农群众，促进了西北革命运动的发展，同时有力地配合了中央革命根据地和湘鄂西革命根据地的斗争，支持并掩护了中央红军，红二、六军团和红二十五军的长征，它们彼此在战略上相互策应、支持，给敌人以很大的威胁。红军走后隐蔽下来的革命战士的斗争，也为后来开展党的工作直至最后解放川陕边区奠定了基础。

万源保卫战：红四方面军战史上的辉煌胜利

万源保卫战是川陕革命根据地反“六路围攻”中的关键一仗。万源保卫战的胜利，为粉碎四川军阀刘湘的“六路围攻”，巩固和发展川陕革命根据地，以及红四方面军的发展壮大做出了卓越的贡献，谱写了红军战史的新篇章，为不久后开始的战略大转移——长征，打下了坚实的基础。

岌岌可危的万源

1933年11月，在蒋介石的支持下，以刘湘为首的四川军阀向川陕革命根据地发起了强势的“六路围攻”，叫嚣用3个月时间全部肃清川陕边区的红四方面军。在装备和兵力都占绝对优势的敌人进攻面前，红四方面军和根据地人民英勇抗击，沉着应战，成功击退了敌人的前三次总攻，极大地削弱了敌军的力量。此时的刘湘计拙智穷，豁出了老本，调集百分之八十的部队，约10万余人，拨出军饷300万元，子弹300万发，于1934年5月13日，下令发起第四次总攻。

在敌军来势汹汹的进攻下，红四方面军采用积极防御、收紧阵地、诱敌深入、集中兵力，待机反攻、乘胜追歼的作战方针，利用根据地有利的地形条件与敌军周旋。经过半年多的斗争，到1934年6月，红四方面军杀伤敌军36000余人，但根据地逐渐缩小到方圆仅一两百里的狭小地带。7月初，万源成为川陕苏区剩下的唯一一座县城，保卫万源便成了红军反敌“六路围攻”胜败的关键，它关系到川陕革命根据地和红四方面军的存亡。

在严峻复杂的形势下，7月上旬，红四方面军总指挥徐向前和总政委陈昌浩在万源城内召开军事会议，讨论作战方案。会议指出“现在是我们的紧要关头，是消灭刘湘的决战关头”，号召“准备反攻，进行决战”！

誓死保卫万源

万源军事会议刚结束，7月11日，刘湘便发起了以万源为主要目标的全线猛攻。敌军兵分六路。第一路从川陕边界的两河口进发，旨在切断红四方面军向陕西转移的道路；第二、三路以德汉城为进攻目标；第四路和总预备队进军竹峪关；第五、六路企图占领万源及以西一带地区。

在敌军的“六路围攻”中，唐式遵率领的第五路军是主力。7月16日，唐式遵部仗着人多势众，装备精良，在飞机、大炮的掩护下，向万源的大面山、孔家山和南天门等地发起了进攻。红军依托阵地，沉着应战，利用易守难攻的地理条件，从山脚到山顶构筑了众多军事防御工事，多次粉碎敌军的猛攻，大量地消耗了他们的有生力量。摸清楚敌人进攻套路后，红军的仗越打越精，为全面反攻打下基础。企图一个半月消灭红军的敌军未得逞，随后，又于22日、27日，不惜利用人海战术，以整团、整旅的兵力，向大面山、甑子坪发起猛烈攻击，但最后的结果也只是更多的伤亡和损失。

刘湘对万源投入如此多的兵力和武器装备组织多次猛攻，却依旧没有拿下万源，只是在一味地折兵损将，他因而郁闷不已，焦灼万分。多次失败，伤亡惨重，令敌军士气低落，兵无斗志。为夺下万源，焦头烂额的刘湘选择用赏金来激发士兵的斗志。在发动第四次猛攻前，刘湘令唐式遵无论如何非攻下万源不可，并特别颁布奖惩条例：攻下万源的奖洋一万元；另外还有两万元作为攻下万源附近几个重要阵地——花萼山、孔家山等处的奖金；有擅自放弃阵地的以军法处置；遇有两团以上兵力在作战时如果旅长不上前线督战的也要枪决，旅以上同样办理。刘湘以为这样便能鼓舞士气，夺得万源这片关键之地，但谁知道等待他的是更加惨重的失败。

在刘湘的命令下，唐式遵不得不亲自到前线指挥，敌军倾巢出动，于8月6日兵分三路，对万源发动了规模最大也是最后的一次猛攻。双方激战了三天两夜，红四方面军以无畏的勇气和为战斗献身的决心，给敌军以重创。唐式遵的部队溃不成军，斗志全无。这时，红四方面军反攻的大好时机来了。

8月8日，红四方面军总部在通令嘉奖万源前线部队的同时，宣布时机已经成熟，决定开始反攻。9日晚，红军突然袭击了位于青龙观的敌军前哨营，趁敌军混乱之际，占领营部，控制制高点，消灭了该旅部，并以青龙观为突破口，对敌军发起全面反击。到9月22日，敌军四处逃窜，红四方面军坚持追敌至广元及阆中的嘉陵江东岸地区，不仅收复了反“六路围攻”前的根据地辖区，辖区面积还有所扩大。就这样，以刘湘为首的四川军阀对川陕革命根据地发动的“六路围攻”，在历时近11个月后，以红四方面军总计歼敌8万余人，缴枪3万余支、炮百余门的胜利而告终，以川陕革命根据地人民的胜利而告终。

万源保卫战是反“六路围攻”中历时最长、最艰苦、最辉煌的战役。它的胜利是对根据地全体军民的巨大鼓舞，全体军民争取革命胜利的信心大大增强。“忆往昔峥嵘岁月稠”，发生在1934年的那场万源血战已成为永远的历史记忆，但这场生死决战为红色文化的积淀和传承、革命情怀的培育、红军精神的弘扬以及社会的发展等做出了巨大贡献，对当时乃至今天都产生了十分深远的影响。

强渡嘉陵江：红军战史上规模最大的一次强渡江河作战

1935年春，红四方面军为积极配合和迎接红一方面军长征，发起了一次重大战役——强渡嘉陵江战役，这是红军战史上最壮阔、最辉煌的一次战役。这次战役打破了蒋介石企图发动“川陕会剿”，“围歼”红四方面军于川陕根据地内的妄想，并且牵制了四川军阀的部分实力，也策应了长征途中的红一方面军在川黔边境运动穿插，向金沙江挺进。红四方面军的全体将士英勇顽强，坚决奋战，最终取得了胜利，立下了不朽的功勋。

强渡嘉陵江之战的发起

1933年11月至1934年9月，红四方面军顺利粉碎了军阀刘湘等对川陕革命根据地的“六路围攻”，收复了北起广元、南至阆中的嘉陵江东岸的全部地区，根据地的区域也由此发展到了4万多平方公里，人口达500余万，红军部队也发展到10万人。但蒋介石不甘失败，又布置了“川陕会剿”。一方面，指派参谋团入川，准备监督川军“围剿”，同时又调其嫡系部队向四川开进。1935年1月18日，胡宗南部丁德隆旅接替了广元、昭化地区的川军防务，拟参加对川陕革命根据地新的围攻。

1934年11月中旬，红四方面军在巴中清江渡召开了全军军事工作会议，总结了反“六路围攻”胜利的经验。同时，会议讨论确定了向西进攻，在川甘边扩大根据地的方针。其后，根据会议精神，研究了当时的形势，决定趁敌“川陕会剿”尚未布置就绪之时，在1月发动广（元）昭（化）战役。

当红四方面军正在组织发动广昭战役时，红一方面军转战到贵州。1935

年1月，党中央召开了具有历史转折意义的遵义会议，确立了毛泽东同志在全党全军的领导地位。1月22日，中央政治局和中央革命军事委员会给红四方面军发电示："为选择优良条件，争取更大发展计，决定我野战军（即中央红军，红一方面军）转入川西，拟从泸州上游渡江，若无障碍，约二月中旬即可渡江北上。为使红四方面军与野战军趁敌尚未完全入川实施'围剿'以前，密切地协同作战，先击破川敌起见，我们建议你们应以群众武装与独立团向东线积极活动，钳制刘（湘）敌，而集中红军全力向西线进攻。中央明确指示红四方面军，宜迅速集结部队，完成进攻准备，于最近时期实行向嘉陵江以西进攻。"①

红四方面军接到中央来电时，广昭战役也于1月22日打响。广、昭两城敌军坚守牢固，红军进攻数日，进展不大。鉴于广、昭未下，无法大举西进，但长期屯兵坚城之下也非益事，红四方面军便主动将主力撤离，另寻战机。2月上旬，红军集中部分兵力，出击陕南，迷惑和调动敌人，为在苍溪南北地区强渡嘉陵江创造有利条件，以配合中央红军北渡长江，并策应已进至陕南商县一带的红二十五军。红四方面军向陕南进攻十余日后，取得了胜利，使敌人惊慌失措，连忙调整部署，调动重兵向川陕边境增援。红军见目的已经达到，便回师川北，在苍溪、阆中一带发动了强渡嘉陵江战役。

侦察敌情，制造船只

川陕革命根据地主要是在嘉陵江的东部地区。因此，敌军沿嘉陵江筑有坚固工事，配以重兵防守，妄图凭借江防天险堵截红军向西发展的通道。为了做好西渡嘉陵江的准备工作，红四方面军总部派员采取各种方式进行侦

① 沈果正：《红四方面军强渡嘉陵江战役》，《社会科学研究》，1979年第3期，第73页。

察，得知敌军在北起广元的朝天驿，南至南部新政坝约六百里的嘉陵江以西地区共配置了53个团。但其防线太长，有不少薄弱环节，且田颂尧、邓锡侯两部曾多次被红军击溃，在遭受沉重打击后，兵员不足，建制不全，很难担负起防守嘉陵江的重担。因此，只要红军做好充分准备，选择好渡口，抓紧战机，强渡嘉陵江是很有胜利把握的。

为了争取渡江战役完全胜利，红四方面军总指挥徐向前同志、副总指挥王树声同志以及王维舟同志带领参谋人员，翻山越岭，沿嘉陵江东岸，先后行走了三四百里路，了解敌情，查看地形，寻找渡口，选择战机。经过详细调查研究，决定选择在苍溪城南与阆中之间的塔子山下为强渡嘉陵江的主渡地点，另外又在苍溪城上游五十里的鸳溪口和下游四十里阆中以北的两个渡口同时强渡。

川陕根据地的广大人民群众对红军渡江作战也做出了巨大支援。为了配合红军渡江，做好物资器材供应等各项后勤工作，党组织和苏维埃政府以及各级地方党政机关，广泛发动群众，筹集足够的粮食、武器弹药和医药用品等军用物资，并参加运输队、担架队和其他支前工作队。其中最艰巨的任务是要在短期内造一批渡江作战的船只和准备几座临时便桥的构件。造船的主要地点选择在离塔子山渡口约四十里的王渡。王渡场在嘉陵江东侧的支流东河岸边，苍溪、阆中沿河一带的许多造船老木工和铁匠师傅，跋山涉水来到王渡参加造船。渡江部首长，红三十军军长余天云同志和政委李先念同志还亲临王渡作了政治动员，并指派王渡船工工委会委员长李在安负责造船工作。参加造船的技术工人约一百四五十人，他们夜以继日地辛勤劳动了一个多月，渡江所需船只，以及供红军渡江作战时急需的三座临时便桥的各种构件，全部按照上级的指示如期完成。

激烈的嘉陵江之战

1935年3月28日，红四方面军总指挥徐向前、副总指挥王树声和王维舟同志来到渡江前线指挥部，指挥渡江突击队将部队和船只隐蔽在塔子山后的平坝子和塔山湾沟里等待命令。王树声和王维舟分别负责山下和山上的指挥。集中设在塔子山上的20门迫击炮，测好即将射击的目标。晚上9时许，前线指挥部对渡江部队发出急袭渡江的命令。预先埋伏好的渡江突击队——红三十军第八十八师二六三团两个营和总部教导营，从塔山湾里，将几十只渡江战船轻轻地推入嘉陵江中，突击队指战员以神速的动作，划船疾驰前行，先顺流至江心，又冲过回水漩涡，向对岸奔袭。直至突击队迫近岸边，敌人才发觉，并向红军开枪射击。突击队的战士们依旧奋勇向前，毫不退缩。在敌人火力尚未展开时，王维舟同志在塔子山上指挥我军炮火向着白天已经测好的目标猛烈轰击，压制住敌人的火力，掩护突击队登岸。此时，渡江突击队先头连的几只战船，离江岸尚有20米左右，红军战士奋不顾身，一个个抢先跳下船来，涉水冲向江边，迅速登岸。接着，突击队的另两个连也登上岸，立即向敌人右侧迂回，插入敌阵。两面夹击使敌人混乱溃退，我军已占领的滩头阵地得到巩固。与此同时，塔子山上的炮火，一发接一发地射向敌阵，连续摧毁敌军沿江的六七个碉堡。突击队乘势发起冲锋，占领了敌军前沿几个重要据点，歼灭了沿岸一个营的守敌，控制了江岸，巩固了登陆场。

3月29日拂晓，又有两个团陆续渡江，投入战斗，向从南北两翼反扑的敌军发起进攻，先以密集的火力，给敌人以严重的杀伤，然后集中主力出击，扩大战果，打退了敌人数次反击，敌军狼狈溃逃。红军乘胜占领了飞虎山、高城山、万年山等制高点，并击退思衣场方向来增援的敌江防总预备队的一个旅，胜利渡过了嘉陵江。

在塔子山渡口取得渡江胜利的同时，红三十一军九十一师也在29日早晨，在苍溪以北鸳溪口强渡成功，一举占领了敌军的险要阵地火烧寺，击退了刘汉雄师的一个旅，巩固了登陆场。红九军也在阆中以北胜利渡过了嘉陵江。

为了扩大战果，巩固嘉陵江沿岸阵地，减少对红军的威胁和扫除向西发展的障碍，必须迅速占领嘉陵江西岸的几个重要城镇并攻克川西北要道上的隘口剑门关。遵照总指挥部命令，红三十军在渡过嘉陵江后，立即向纵深前进，并向两翼发展。3月30日，李先念同志率领红三十军前进，与敌军田颂尧的部队遭遇，红三十军击溃敌军。驻剑阁县城的守敌，闻红军将至，立即向江油方向逃窜。3月31日，红三十军和红九军一部占领剑阁。接着，红三十军留八十九师守卫剑阁，监视敌人；以八十八师向东北前进，协同三十一军进攻剑门关。红三十一军从鸳溪口渡过嘉陵江后，在副总指挥兼军长王树声同志的率领下进入剑阁的合林，向东北直插剑门关。

剑门关是横跨剑阁、昭化之间的大剑山上的隘口，在剑阁北面，离县城约70公里。大剑山地势北高南低，山岭绵亘，剑门关正好位于大剑山主峰，扼川陕孔道，两旁是几十丈高的峭壁悬崖，倚天而立，犹如剑锋。山脉腰间有一条狭沟，由北往南只有一条羊肠小道，挂在几十丈高的峭壁上，穿过主峰，只要以火力封锁，就很难通过。因此，敌军邓锡侯命其部队把守此隘口，控制川西北通道，妄图阻止红军西进。

4月1日，王树声同志率红军三十一军九十三师和九十一师的一个团最先抵达剑门关附近。红三十军八十八师从剑阁经汉阳、天桥一带，于4月2日拂晓，配合红三十一军对剑门关守敌形成东、西、南三面包围。但敌依靠天险和碉堡工事，力图固守。红军分几路进攻，很快击溃剑门关外围的敌人，接近主峰。红九十三师在师长陈友寿同志率领下，向大剑山主峰正面进攻。敌军据险死守，拼命反扑，红军连续两次失利。指挥遂命令：九十一师攻敌东侧阵地，八十八师向隘口西侧敌军阵地进攻。红军迅速击溃守敌，从两侧迂回逼近剑门关的后关门，抢占关口，封锁通道，堵住敌人后路。正面红军再次向主峰发起进攻，但敌人仍凭借山头工事，拼命顽抗。这时，指挥部命令炮手瞄准敌人山头暗堡轰击。在这关键的时刻，红军炮手迅速矫正目标，以仅有的几发炮弹打中了敌军主峰山头的鸭蛋形工事。随后红军奋起冲锋，一鼓作气冲上主峰。经过半日激战，鲜艳的红旗插上了大剑山主峰，红军胜利攻克了“插翅难渡”的剑门关。

红军攻克剑门关后，敌军便无屏障可依，沿江防线也土崩瓦解，溃敌纷纷向西窜逃。红三十军和红三十一军一部受命星夜直奔昭化，三日就占领了昭化，歼灭敌人一个团。

在红三十军与红三十一军北向剑阁、昭化发展的同时，红四军也于苍溪渡过嘉陵江，主力向梓潼方向发展，一部配合红九军主力向阆中、南部前进。阆中守敌仓皇弃城向盐亭方向逃窜，红九军于3月31日占领阆中。4月2日，攻占南部城，歼灭守敌三个团。至此，红四方面军强渡嘉陵江战役胜利结束。

红四方面军强渡嘉陵江战役的胜利，粉碎了敌人妄图发动新的“围剿”以消灭红军的迷梦。同时，红军在渡江以后，接连攻克了几座县城，继而又从昭化、广元向北进占青川、平武，大有北出甘南之势，使蒋介石忙着调兵到陕西、甘肃，防止红军北进。另一方面，红军又占领了南部的剑阁、梓潼而进入绵阳、彰明地区，特别是在渡江战役后，又紧接着发动了江油战役，攻克了川陕公路上的重镇中坝，并在江油、彰明一带屯兵一个多月，大有进攻成都之势，使四川军阀不得不调兵保护成都。这也就牵制了川军，配合了中央红军在黔滇边的活动。强渡嘉陵江战役是红四方面军，也是中国工农红军战斗历程中的光辉篇章，具有重要的历史意义。

四渡赤水：毛泽东军事生涯的得意之笔

1960年5月，第二次世界大战中的名将蒙哥马利来华访问，并在毛泽东的面前称赞他在解放战争中所指挥的三大战役，而毛泽东却说，四渡赤水才是他一生的得意之笔。①

赤水河发源于云南省镇雄县，在四川省合江县汇入长江，是长江上游的一条重要支流。其全长近500公里，流域面积为20438平方公里。四渡赤水是中央红军长征过程中，在赤水河流域同国民党进行的一次运动战，也是遵义会议后毛泽东所指挥的第一场战役。

化被动为主动，一渡赤水

遵义会议批判了李德、博古的错误军事指挥，并增选毛泽东为中央政治局常委，同时会议也决定放弃黎平会议做出的以遵义为中心建立川黔边根据地的决策，转为兵出川西北，与红四方面军会合建立川西北革命根据地。

1935年1月19日，红军从遵义出发，经桐梓、习水，欲从赤水、泸州渡江到川西北。而蒋介石为“剿灭”红军，也在调兵筹备，精心策划这一“围剿”计划，并调动了湘、川、桂、黔等省军阀及国民党中央军薛岳部共150多个团，投入的总兵力近40万人，从各方包围遵义，企图将中央红军限制于长江以南、横江以东、乌江以北这一狭窄地区，然后再集中“围剿”。当时中央红军不足4万人。为了粉碎国民党的这一计划，争取战略主动权，并消

① 徐飞，杨茹，娄思佳：《四渡赤水：毛泽东的“得意之笔”》，《决策探索》（上半月），2017年第2期，第70页。

灭敌人，中央革命军事委员会（简称“中革军委”）决定趁敌方还未形成包围之势，向遵义西北方的川黔交界处，即赤水、土城地区集中。

土城是倚赤水河而建的一个码头小镇，在其东、南、北三面都有连绵的山岭，且地势也十分险峻，所以成了黔北交通要道，具有显著的战略意义。中革军委因此非常重视对土城的攻占与巩固，把该城视为北渡长江、赤化四川战略计划的首要任务。毛泽东、周恩来、朱德率领红军来到土城，在土城召开会议，决定：林彪率红一军团兵出赤水，以打通北渡长江的通道；红三军团、红五军团、干部团在土城青杠坡设埋伏，以消灭郭勋祺的部队。

1935年1月26日，红一军团从旺隆场等地出发，向赤水城进军。但红一军团前进到距离赤水城15公里的黄陂洞时，被南下的川军阻截，陷入了被敌人三面包围的窘境。当夜，林彪向中革军委报告了前进失利的情况。

与此同时，川军郭勋祺部队的两个旅也尾随而至，其先头部队已到达土城以东地区，敌军模范师第三旅随郭勋祺部队跟进，另一部敌军的一个团占领了习水。中革军委为了击破川军的阻截，于1月27日决定趁黔军侯之担的部队被红军击败，薛岳主力又远在乌江南岸的有利时机，集中主力攻打川军郭勋祺先头部队的四个团，以保障红军下一步能够顺利北渡长江。

1月28日，红军第三、第五军团和干部团在彭德怀、杨尚昆的指挥下，从南北两面向川军郭勋祺发起进攻，战斗从早晨一直持续到黄昏，敌我双方形成对峙局面。而此时，敌军的后续部队廖泽等部迅速前来增援，从西北向红军侧后攻击。形势对红军越来越不利。

在土城战斗中，我军原以为敌军只有两个旅四个团约六七千人，结果发现敌军实际是四个旅八个团共一万多人。由于对敌情判断错误，再加上对川军武器装备状况估计不足，经过一天的激烈战斗，敌军虽受到重创，我军也遭受了很大伤亡。

面对这样的形势，毛泽东意识到土城不能再继续打下去了，他立即与中革军委的主要领导开会，分析了地形的不利，以及敌人的援军已快赶到的实际，决定作战部队和军委纵队应立即轻装从土城渡过赤水河西进。

1月29日凌晨，中央红军除了留下少数部队阻击敌人外，主力分为左、中、右三路纵队西渡赤水河，向古蔺、叙永方向转进。一、九军团，军委直属二、三梯队及干部团“上干队”为右纵队，由一军团军团长林彪指挥。2月2日清晨，一军团二师进至叙永三岔河击溃了民团三个精锐中队，下午分两路进攻叙永城。但由于守兵火力猛烈，红二师几度攻城未果。军委直属一梯队、干部团和三军团五师为中央纵队，由总参谋长刘伯承指挥，护卫中央机关和军委机关，从土城以北经过古蔺河，绕过雪山关经阿利堡（今观兴）西进，进驻石箱子（今叙永县石坝乡）。三、五军团为左纵队，由三军团军团长彭德怀、政委杨尚昆指挥，从土城以南经过古蔺河，经阿利堡，随中央纵队进驻石箱子。

2月8日，中央纵队从大河滩进驻云南省的扎西镇，毛泽东出席了扎西会议，并认真总结了土城作战的教训。土城之战使红军在人员、物资方面遭受了很大的损失，士气也受到了挫伤，红军被迫改变了北渡长江的战略方针，转而向西前进。

避实击虚，二渡赤水

扎西会议上，毛泽东发表了重要讲话，在总结了土城战斗的教训后，分析了当前的敌我形势，并指出要用敌变我变的原则来指导红军行动，采取“回师东进，再渡赤水，重占遵义”的战略方针。为了加强战斗部队，中革军委还颁布了整编命令，对各部队进行了整编，除干部团外，全军改编为16个团。中央红军一渡赤水河后，出现在川南，这引起了敌军的恐慌。蒋介石遂令川军全力以赴在长江沿岸严防，并要求在上至宜宾下至江津一段，沿着江的北岸构筑碉堡，防止红军偷渡，并令潘文华以一部兵力在长江南岸防守，阻止红军渡江，其主力则向川南追击。

通过对敌情的分析，毛泽东等人认为中央红军从遵义地区北上后，敌军的主力已被全部吸引到川滇边区，黔北地区的兵力防守比较薄弱，因此在2月10日，中革军委决定迅速转兵东进，二渡赤水。

2月18日至21日，中央红军按照中革军委的指示，由太平渡、二郎滩等渡口东渡赤水河。随后，由红一、红五、红九军团及中革军委纵队组成的左纵队，由红三军团组成的右纵队，向敌军兵力比较薄弱的桐梓地区急进。与此同时，红五军团的一个团向温水进攻，以吸引和迷惑敌人。2月24日，红一军团的第一团突然进攻桐梓县城，黔军弃城而逃，援军退守娄山关。

红军二渡赤水，回师黔北，使得敌人猝不及防。川军的三个旅从扎西地区向东追击，但已落后于红军三四天的路程。而黔军王家烈见红军主力重返黔北，便抽调遵义及其附近部队向娄山关、桐梓增援。吴奇伟率领第一纵队的五十九、九十三师从黔西、贵阳地区向遵义开进，企图在娄山关或者遵义以北地区阻截并“围剿”红军。上官云相的部队则由重庆进至綦江、松坎一线，以阻止红军北上。面对这种情形，中革军委令红军迅速冲破黔军的阻挡，占领娄山关及其以南地区，进而占领遵义，争取战略上的主动权。

2月25日，中革军委令第五、第九军团在桐梓的西北方牵制川军，从而集中主力直击遵义北大门——娄山关。娄山关位于大娄山脉的主峰，雄踞大娄山脉中段，关顶两侧突起有数十个峰峦，以点金山为最。敌军在关口派了一个旅的军力防守，点金山的兵力就接近两个团。25日上午9时，战斗正式开始。2月26日拂晓，红三军团先头部队第十三团，由北向南对娄山关的黔军发起了猛烈进攻，经过激烈的战斗后占领了战略重地——点金山，最终于当晚攻占了娄山关。

声东击西，三渡赤水

按照中革军委的指示，红一、红三军团向遵义方向乘胜追击。2月25日，红军袭占桐梓，拉开了遵义战役的序幕。

2月26日，红三军团在董公寺、高坪、大桥等地连续击溃了黔军几个团的阻截，并于27日在遵义城西北方的石子铺（今十字铺）等地，将黔军第一、第五、第八军团击溃，逼近遵义城附近。28日清晨，红军重占遵义城，控制了遵义城南边的红花岗、老鸦山一带的高地。

中革军委决定乘着吴奇伟部孤军冒进，黔军观望不前，尾随的川军又被阻截在桐梓以北地区的有利时机，集中所有兵力在忠庄铺地区把吴奇伟部歼灭。激战过后，吴奇伟带领着残余部队逃向乌江，并立即砍断浮桥，尚未过江的一千余名战俘和大批物资被红军缴获，留滞在老鸦山地区的敌军第五十九师则被迫转入防御。28日黄昏，红军干部团也投入战斗，配合红三军团夺回老鸦山制高点，歼灭了敌人的大部，残存的敌军则向八里水、鸭溪方向逃窜。至此，遵义之战以我军的胜利告终。

中央红军在五天内占领了桐梓、娄山关，并夺取了遵义城，击溃并歼灭了敌军吴奇伟部的两个师八个团，俘敌3000余人，同时还缴获了大批军用物资。这是在毛泽东指挥下，通过运动战的方式取得的长征以来最大的一次胜利，使得国民党军队遭受了沉重的打击。3月2日，蒋介石飞抵重庆亲自"督剿"，随后要求各个部队采用碉堡推进和重点进攻相结合的作战方法，企图在乌江以西巴黔大道地区"围剿"中央红军。为了对付蒋介石的这一进攻，中革军委决定，仍将中央红军的主要活动地集中在黔北地区，并控制赤水河上游，将其作为转移枢纽，从而消灭薛岳兵团和王家烈部队；对川、滇敌军，在有利而又必要之时，才应与之作战。

3月15日，中央红军为避免被动的局势，主动放弃进攻鲁班场，转兵西进。16日，中革军委做出了三渡赤水的指示。按照这一指示，中央红军在3月16日至17日，从茅台及其附近地区西渡赤水河，向古蔺、叙永方向前进。3月19日，红军攻占了镇龙山，击溃了川军的阻拦，进军到大村、铁厂、两河口地区，从而摆脱了敌人的追击。

当中央红军再次出现在川南时，蒋介石等人认为红军在川南、黔北地区徘徊是大政方针未定的表现，今后的方针可能为在乌江以北的地区打游击战。基于这一估测，蒋介石下令川、黔、滇各部队一同向川南集结，令周浑元纵队的主力和吴奇伟纵队的两个师向古蔺追击；孙渡纵队在毕节，王家烈纵队的余部在金沙江以北阻截；川军潘文华部的五个旅在叙永、古蔺堵截，另一部从茅台西渡追击红军；加强泸州上下游一带的防线，以阻止红军渡过长江。

正当敌军向川南进攻之际，毛泽东毅然决定回师东渡，夺取战略主动权。为了迷惑敌人，隐藏自己的战略意图，毛泽东及中革军委决定留下红九军团在乌江北岸的长干山、枫香坝继续活动，伪装主力，以达到掩护红军主力的意图。据此，中革军委在3月20日下达四渡赤水的命令。

乘隙而进，四渡赤水

按照中革军委的指令，红一军团的一个团伪装主力，从铁厂、两河地区大张旗鼓向古蔺前进，以诱敌西进，掩护红军主力东渡赤水。而主力则由镇龙山以东的地区，突然折向东北，并在3月21日晚至22日，以迅雷不及掩耳之势，分别从二郎滩、九溪口、太平渡东渡赤水河，再次重返黔北。当蒋介石的各路军队正向古蔺前进之时，红军却秘密地与敌军相向而行，跳出了蒋介石精心设计并正在形成的包围圈，把他的十几万军队甩在了古蔺周围与赤水河沿岸地区。

当中央红军已四渡赤水，主力正在秘密南下时，蒋介石却依然蒙在鼓里，毫无察觉。3月24日，蒋介石带着相关人员一同从重庆飞抵贵阳，并在贵阳宣布，红军“已是强弩之末，现今被迫逃入黔境，寻找渡江地点未定，前遭堵截，后受追击，浩浩长江俨如天堑，环山碉堡星罗棋布，除非他们长翅膀，否则逃不出我们的天罗地网……”①

在得知蒋介石坐镇贵阳后，毛泽东便挥师南下，直指贵阳。3月25日，中革军委要求各个军团在夜晚行动，在白天飞机活动时则加强伪装，同时要加强政治工作，让指战员争取南下先机。

3月29日晚，红一军团的先遣团第一师第三团夺取了乌江渡口。3月30日和31日，红军主力除第九军团外，分别从大塘、江口、梯子岩南渡乌江，进到息烽西北的黄冈、牛场、蔡家寨地域。于是，红军又再一次跳出了蒋介石精心布置的包围圈，并把围堵红军的各敌军部队甩在了乌江以北地区，兵锋直指贵阳城。

而此时，贵阳城只有郭思演第九十九师所辖的四个团兵力，并且这四个团大部分都在外围担任守备，城内的兵力不足两个团。贵阳城的周围没有可调之兵，只有驻守息烽、清镇的唐云山、韩汉英两支部队，他们在遵义之战中刚刚战败，现在犹如惊弓之鸟，根本没有战斗力。

这样的情况也着实让蒋介石受到惊吓。他费尽心思，以重兵围堵，却依然被红军打到了眼皮底下。于是，蒋介石赶紧召集部下商讨对策，并命令组织精锐部队确保清镇机场安全，为他逃离贵阳做好准备。

毛泽东则依旧继续调兵遣将，大造进攻贵阳的声势。4月1日，红军以一部假装攻打息烽，主力则向贵阳方向进军。4月4日，占领了扎佐，逼近贵

① 青霖：《四渡赤水》（《读·党史》第28辑），中共党史出版社，2017年，第25页。

阳。同时，毛泽东还令部队沿途制造“活捉老蒋”的风声。4月5日，红军的先头部队真的钻到了蒋介石的眼皮下，出现在离贵阳几十里的东南方向。4月6日、7日，滇军孙渡率领部队向贵阳急进，并在三四日后按照蒋介石的指令到达贵阳，固守机场。随后，空军人员发现红军在贵阳城一二十公里外转向了西南方，并没有进攻贵阳。

西进云南，抢渡金沙江，是中共中央的战略方针。要实现这一方针，就必须调出滇军，扫除西进云南的主要障碍。毛泽东为了进一步造成敌人的错觉和失误，于4月5日令中央红军主力到开阳东南部的清水江西岸集结，并以一部兵力到清水江，在其附近地区架设浮桥，虚张声势，摆出一副全军东渡的姿态。其实，中央红军既不是要占领贵阳，也不是要转向湖南，而是为了调动敌人，为红军进入云南做准备。

进入云南后，红军的主要任务即为，乘滇军全部主力东调，云南后方空虚之机，抢渡金沙江，从而把围追堵截的国民党军队抛在后面。

四渡赤水之战，是中央红军长征途中最为惊心动魄而又精彩的军事行动，是毛泽东军事生涯中以少胜多、变被动为主动的“得意之笔”。

彝海结盟：红军是各族人民的亲兄弟

在四川省西昌市的市中心月城广场，巍然耸立着一座高高的雕塑：头戴八角帽的刘伯承元帅与彝族首领小叶丹携手并肩，面对苍穹，举杯立誓，结为兄弟。这是纪念彝海结盟，红军顺利通过彝族地区的历史丰碑。

1935年5月，在毛泽东、朱德、周恩来、陈云、刘伯承、聂荣臻等同志的率领下，中央红军巧渡金沙江，并从19日起陆续进入冕宁。在这里，毛泽东同志接见了彝族代表古基达列，朱德总司令宣布建立了长征中的第一个人民政权——冕宁县革命委员会，同时建立了冕宁县人民抗捐军，刘伯承同志与彝族头领古基小叶丹举行了“彝海结盟”。

解救狱中的彝族兄弟

1935年5月初，中央红军巧渡天险金沙江后，乘势北上，取道西昌、冕宁，直向大渡河进发。但是，从冕宁到大渡河，中间隔着大凉山地区，这里聚居着中国西南部的少数民族——彝族。国民党军阀大肆对彝族人民进行抢掠和“剿讨”，把彝族人的首领投入监狱当作“人质”，一旦彝族人反对他们的统治，国民党就杀害这些首领，以达到统治少数民族的目的。这一切引起了彝族人对汉族人的猜忌和敌视，彝族同胞也因此对汉族人有了极深的成见，尤其是对汉族士兵更是充满了敌对的情绪。而要在短时间内使全然不知红军是什么样的队伍、执行什么样的政策的彝族同胞从本质上了解红军，显然是十分困难的。

在民族隔阂很深，语言不通，风俗习惯不同，地形道路不熟的情况下，红军要顺利通过这个地区确实是不容易的事。为了争取时间，红军又无别的途径可选，必须借道大凉山彝族地区。为此，中革军委指定由红一军团的部队组成先遣队，由刘伯承总参谋长和聂荣臻政委率领，做好沿途群众的工作，保证中央红军安全顺利通过彝族地区。

刘伯承和聂荣臻都是老军人，也都是四川人，他们在军事上富有阅历，遇事深谋远虑，作风细致入微，很注重调查研究。先遣队到达彝族地区后，便深入群众调查彝民风俗习惯，在部队中普遍进行民族政策教育，要求部队只能对彝民采取说服的办法，争取和平通过。

一路上，红军严格执行党中央的民族政策，到处张贴和宣传朱德总司令发布的《中国工农红军布告》：“中国工农红军，解放弱小民族；一切彝汉平民，都是兄弟骨肉。可恨四川军阀，压迫夷人太毒；苛捐杂税重重，又复妄加杀戮。红军万里长征，所向势如破竹；今已来到川西，尊重夷人风俗。军纪十分严明，不动一丝一粟；粮食公平购买，价钱交付十足。凡我夷人群众，切莫怀疑畏缩，赶快团集起来，共把军阀驱逐。设立夷人政府，夷族管理夷族，真正平等自由，再不受人欺辱；希望努力宣传，将此广播西蜀。”①

先遣队一路占领了冕宁县城等地，所到之处，国民党县官和土豪劣绅早已逃之夭夭。红军战士烧毁县衙里的公文，解救狱中的彝族兄弟。他们饱受酷刑，一个个躺在烂泥、屎尿、污水坑里，蓬头赤脚，拳头粗的铁链、脚镣、手铐，沉重地箍在他们瘦得像藤一样的身上。红军战士细心地给他们解开锁链，把他们扶着背着带出了监狱，并把衣服给受尽酷刑的彝民穿上，又送上饭菜，给有伤的兄弟包扎送药，并发给布匹、银子，彝民们感动地连声说“谢谢”。红军严明的纪律和救助穷人的行动感动了群众，很快，街上家家户户张灯结彩，贴满红绿标语，欢迎红军。

彝海结盟一家亲

5月22日，先遣队开始进入大凉山彝族地区。这里山峰入云，道路崎岖，山谷中林木葱郁，野草丛生，山涧独木险桥十分难走。气候也异常多变，时而沉雾笼罩，细雨霏霏，时而云翻风起，飞沙走石。此地相传是三国时期西蜀诸葛亮“七擒孟获”的战场，山巅上的“孔明寨”便是蜀军兵营故址。

先遣部队刚进彝区不远，高高的山头上便出现成百上千的彝民，他们挥动着长矛、大刀、土枪、棍棒，呐喊着穿行于丛林之中。红军部队不得不缩

① 何箐：《彝海结盟铸丰碑》，《世纪行》，1996年第7期，第25页。

短行军距离，高度戒备，以防袭击。

先遣部队走了15公里，便被彝民拦住了前进的道路。红军通过请来的一位通司（翻译）向喧嚷的彝民说明红军同国民党军不一样，红军不是来抢劫，只是借道北上，并不在此住宿。可是彝民仍挥舞刀枪，高声喊着："不许走！"正在混乱之时，彝民首领小叶丹的四叔到来，激动的彝民顿时安静下来。

红军认准这是解决问题的时机，请小叶丹的四叔答话。通司告诉小叶丹的四叔，红军部队的首长要找他谈话，他欣然同意，挥手示意集聚的人群退去。

红军首先对小叶丹的四叔表明了来意：红军是替受压迫的人打天下，并不是来此打扰彝族同胞，只是借路北上，红军的刘司令亲率大批人马北征，路过此地，愿与彝民首领结为兄弟。小叶丹的四叔听了红军的解释，起初还是半信半疑，可是当他亲眼看见红军的行动，看到红军纪律严明，并不像国民党官兵那样烧杀抢掠的时候，很受感动，特别是当他听说率领大军的刘司令愿与小叶丹结为兄弟，更是高兴，因此欣然答应红军的提议。

结盟的时刻到了，刘伯承骑马走在部队的前头，小叶丹和另外几个彝族首领立刻迎上前来，肖华把刘伯承介绍给对方，小叶丹便跪下致敬。刘伯承下马亲切地扶起小叶丹，以诚恳的态度重申了红军的来意以及与小叶丹结盟之愿，表示将来红军打败敌人后，一定帮彝族人民解除一切外来的欺压，建设自己美好的生活。

结盟仪式在一个小山谷附近的海子边上举行。仪式准备得十分简单——两碗海子里的清水，一只雄赳赳的大公鸡。

小叶丹一刀宰下公鸡的头，鲜血分洒在两只碗里，碗里的水即刻变成殷红色。刘伯承和小叶丹虔诚地并排跪下，面对着蔚蓝的天和清澈的海子。刘伯承端起大碗，大声地发出誓言：“上有天，下有地，刘伯承愿意与小叶丹结为兄弟。”念完，便把鸡血水一饮而尽。小叶丹也立即饮血宣誓，大意是若不忠实就和这只公鸡一样。宣誓结盟后，小叶丹就带着彝民高喊“盟兄结团，抗日救国”的口号，并下令各寨让路，护送红军通过彝区。

第二天，小叶丹派人护送红军向彝区进发。临行前，彝族民众在红军的帮助下，组织了“中国彝民红军沽基支队”，刘伯承亲手送给他们一面队旗。现在，这面红旗就珍藏在中国人民革命军事博物馆。刘伯承在喇嘛房与小叶丹分手，并留下参谋丁柏霖作为后续部队的联络员。小叶丹则派手下的果基尼迫、果基子达、沙玛尔等人做向导，把刘伯承、聂荣臻部队一直护送到筲箕湾，再由果基阿最支送到岔罗，出了彝区，直抵安顺场。

粉碎蒋介石的美梦

对于红军先遣部队能如此顺利地通过彝区，中共中央领导人都极为高兴。彝海结盟作为红军长征史上光辉的一页，在中国共产党和人民军队的历史上占有重要的地位，毛泽东、周恩来等中央领导人都高度评价了这一历史事件。小叶丹作为在国民党大汉族主义压迫和白色恐怖下的一个彝族家支头人，不顾个人和家支的安危，深明大义，毅然决然地接受了红军的主张，勇敢地站出来，与刘伯承歃血为盟，结拜兄弟，接受“中国彝民红军沽基支队”支队长的任命，带领彝族群众护送红军顺利通过了彝区。红军通过彝区，彻底粉碎了蒋介石妄图在大渡河畔消灭红军，让红军重演石达开全军覆没历史悲剧的美梦。

强渡大渡河：红军不是太平天国的石达开

四川省石棉县安顺场地处大渡河中游的横断山区，两岸崇山峻岭，河岸陡峭，与泸定桥一起构成了封锁大渡河的军事要塞，历来是兵家必争之地。大渡河畔，红军强渡大渡河纪念碑高高耸立；在强渡大渡河纪念馆中，参加了长征的红军老战士陆定一为纪念馆书写题词——“翼王悲剧地，红军胜利场”，向我们诉说着发生在这片土地上的故事。

顺利攻下安顺场

提到安顺场，不得不说到石达开。1862年初，石达开经湖北入川，为北渡长江，夺取成都，他转战川黔滇三省，先后四进四川，终于在1863年4月兵不血刃地渡过金沙江。5月，太平军到达大渡河，此时对岸尚无清军，石达开下令多备船筏，次日渡江，但当晚天降大雨，河水暴涨，无法行船。3日后，清军陆续赶来布防，太平军被大渡河百年不遇的洪水所阻，多次抢渡不成，用尽粮草。为求建立活捉石达开的奇功，四川总督骆秉章被派遣前去劝降，双方谈判结果是石达开投降，释放其部队全部战士。后清军背信弃义，将两千名战士全部杀死。

70多年后，中国工农红军在长征途中，从云南皎平渡过金沙江，沿着当年石达开走过的地方，向大渡河挺进。

蒋介石获悉这一情况后，立即电令川、康军阀及嫡系部队，部署所谓大渡河会战。蒋介石电勉大渡河南北各军，说大渡河天险，是太平天国石达开覆灭之地，“共军断难飞渡，必步石军覆辙”，成为石达开第二。

突破天险大渡河，是中央红军渡过金沙江后的重要军事行动，能否渡过，成了革命胜利与否的关键。在大渡河天险和蒋介石的重兵部署前，虽然红军在兵力和地形上都处于劣势，但红军内部力量以及敌我双方对于战争的主动权均已发生了很大的变化。在遵义会议后，中央红军在毛泽东的领导下，采取机动灵活的战略战术，四渡赤水，巧渡金沙江，将十几万敌军全部抛在长江以南，取得了战略转移的主动权。并且，红军渡过金沙江后，派出三军团围攻会理城，使主力红军在会理一带得到了充分的休整，为强渡大渡河积蓄了力量，同时又给敌人造成错觉，使敌人认为红军要在会理一带建立根据地。这吸引了敌军的注意，为红军北上强渡大渡河创造了条件。5月12日，党中央在会理召开了政治局扩大会议，研究了红军强渡大渡河的问题。会议后，红军以迅雷不及掩耳之势向大渡河挺进。为了争取主动，赢得时间，进军途中，红军对德昌城内的敌军川康边防军第十六旅旅长许剑霜和德昌至西昌道上的敌第二十旅旅长邓秀廷，分别采取围而不打的战术，使沿途敌军的部署全部落空。红军浩浩荡荡，毫无阻挡，顺利地到达西昌以北的泸沽镇。

从泸沽镇到大渡河有两条路线：一条是经越西到大树堡，这是通往成都的宁（西昌）雅（雅安）大道；一条是经冕宁彝族地区到安顺场，这条路正是当年石达开走过的老路，沿途聚居着彝族同胞，彝族各家支都拥有自卫的武器，汉族军队要通过这里是十分困难的。鉴于上述情况，敌人估计红军走宁雅大道的可能性大，故将刘湘劲旅二十军的王泽浚旅从成都星夜调往富林防守，并配备各种精良武器装备，而武器和装备较差的二十四军第五旅被部署在大渡河沿岸。这样一来，安顺场对岸的守敌力量就相对薄弱。

根据这一情况，中革军委果断决定避实就虚，声东击西，利用敌人的错误估计，把敌军兵力较薄弱的安顺场作为强渡大渡河的突破口；同时，另派一小支部队伪装主力红军，走宁雅大道前往大树堡，大造声势，以吸引和迷惑富林之敌，掩护主力红军从安顺场强渡大渡河。

强渡大渡河的先遣队在刘伯承、聂荣臻的率领下，连夜行军，经冕宁顺利通过了彝族地区。经过一天一夜的冒雨行军，部队在离安顺场大概只有十多里路的一个山坡上停下来，进行侦察部署。5月24日深夜，红军战士犹如神兵天降，突然出现在了安顺场。这时，安顺场守敌赖执中还在酣睡之中，红军只经过30多分钟的战斗，就将守敌全部歼灭，并夺得一条渡船。

挑选十七勇士，重整战略决策

为了进一步扫清障碍，红一团挑选了17名勇士准备强攻。5月25日上午，红一团战士整装集合在河岸上，红军首长肖华作战斗动员，刘伯承、聂荣臻亲临前线指挥。9点整，开始强渡大渡河，全团几十挺轻重机枪和数百支步枪射向敌人，二连连长熊尚林等17名勇士跳上这唯一的渡船，在嘹亮的军号声和有力的口号声中，劈波击浪，箭一般地向对岸划去。敌军集中全部火力射向小船，密集的弹雨在小船周围击起团团浪花，炮弹在河面上击起丈高的水柱。突然，一发炮弹落在小船旁边，水柱掀起的巨浪几乎要把船抛向空中，但红军战士们一个个全然不惧，巍然屹立。这时，岸上的将士十分紧张，肖华从司号员手中拿过军号，挺起胸膛亲自吹起冲锋号，军团炮兵连的神炮手把炮弹准确地射向对岸，掀翻了敌军碉堡，勇士们趁敌火力一哑，飞快地驰过激流，划过险滩，跳上对岸。敌人慌乱地把滚雷和手榴弹往下乱扔，勇士们利用又高又陡的岩石隐蔽，趁敌人攻击停止的间隙，一下飞跃上去。正当他们快接近残碉时，敌人突然从工事里涌了出来，妄图把勇士们一举歼灭。在这千钧一发之际，从我军阵地打来的两发炮弹在敌群中炸开了花，敌军死的死，伤的伤，逃的逃，乱作一团。17名勇士猛冲而上，敌人溃不成军，拼命逃窜。紧接着，这条小船返回南岸，将一营营长孙继先率领的十多名战士渡到对岸，控制了渡口。一团团长杨得志带领的几名重机枪手乘船到对岸后，狠追逃敌，扩大战果。

接着，红军又在下游找到两条船。当天的白天和晚上及第二天、第三天，3条渡船不停地划渡，但是水流越来越急，渡河越来越困难。这样下去，红军将面临被敌人各个击破于大渡河两岸的危险。正在此时，毛泽东等来到了安顺场。

毛泽东心中十分清楚，太平天国得以在南京建都，文武双全的石达开曾立下汗马功劳。可石达开却在安顺场全军覆没，这是为何？毛泽东反复思考和分析导致石达开悲惨结局的各种因素，将此作为前车之鉴，并在听取了其他几位中央领导的汇报后，随即召集中革军委领导人开会。毛泽东强调说："只有夺取泸定桥，大部队才能过大渡河，才能避免石达开的命运，才能到川西去与红四方面军会合，这是一个战略性措施。"[①] 5月26日上午，红军领导人全面分析敌情，立即改变全军由安顺场渡河的原计划，并拟订了新的部署：由刘伯承、聂荣臻、陈赓、宋任穷率领红一师和干部团沿大渡河北岸上溯进攻泸定；红一方面军主力从大渡河南岸逆流而行，由红二师四团黄开湘、杨成武、罗华生率领，飞夺泸定桥。根据这一方案，中央红军最终渡过了大渡河。

红军强渡大渡河成为令人惊叹的奇迹，打破了蒋介石企图让红军"变成石达开第二"的妄想，开拓了红军北上的道路。

① 赵宏，王永模：《飞夺泸定桥》，四川民族出版社，2016年，第3页。

飞夺泸定桥：长征途中的关键一战

在四川省泸定县飞夺泸定桥纪念碑公园里，22根方柱子矗立在通往飞夺泸定桥纪念碑的大道两旁，其中2根柱子上雕刻有头像和名字，3根只刻了名字而没有头像，其余17根则光秃秃的，既没有头像，也没有名字。

1935年5月下旬，中央红军兵临大渡河畔。在前有大渡河天险，后有国民党追兵的危急时刻，红一军团第二师第四团临危受命，担任左纵队先锋，两天两夜长途奔袭160公里，以强攻手段飞夺泸定桥，占领泸定城，打通了中央红军北上的道路。特别是由22位勇士组成的突击队，冒着迎面射来的弹雨，攀踏着悬空的铁索向东岸冲去，穿越敌军在东桥头燃起的火墙后胜利占领泸定桥，为中国革命立下了不朽的功勋。

紧急受命，火速赶往泸定桥

5月26日，张闻天、毛泽东、周恩来、朱德、王稼祥、陈云、李富春等中央领导先后到达了安顺场，在实地察看了安顺场渡口后，又听取了刘伯承、林彪、聂荣臻的汇报，立即召开紧急现场联席会。大家一致认为中央红军如果不能迅速全部渡过大渡河，待敌人夹击之势形成，则非但不能实现渡河北上会合红四方面军的战略目的，还有被分割在大渡河两岸而被各个击破的危险。毛泽东基于中央红军主力渡过大渡河唯一的生路就是夺取泸定桥的判断，当机立断，决定将红军分成左右两个纵队，由红一师和干部团组成右纵队，继续从安顺场渡河，并由刘伯承、聂荣臻指挥，沿大渡河右岸北上；主力部队则为左纵队，由林彪率领，沿大渡河左岸北上，两部队夹河而上，奔袭泸定桥，务使全军尽快渡过大渡河。

从安顺场到泸定有160公里，道路蜿蜒曲折，沿江的羊肠小道忽起忽落，小道一边是高耸入云的山峰，另一边是水流湍急、波涛汹涌的大渡河，令人心惊目眩，战士们稍微不小心就有失足跌落的危险。山高路险，时间紧迫，任务艰巨。左纵队先锋红一军团二师四团是一支具有光荣传统的英雄部队，战斗力很强。官兵们坚定地表示，绝不辜负上级的期望，一定拿下泸定桥，占领泸定城，为全军北上打开通道。

5月27日，红四团官兵在团长黄开湘、政委杨成武的率领下，从安顺场出发，经松坪坝，向泸定桥急进。他们走了约30公里，在一座大山前突然与川军第二十四军刘文辉部肖绍成团一个连遭遇，经过激战，将其击溃，然后迅速翻越大山，渡过田湾河，继续向前挺进，中午到达菩萨岗山脚（今石棉县田湾东北）。菩萨岗右边紧靠田湾河，无路可绕，左边连接着另一座高山，道路狭窄，地势险要。由于刘文辉部一个营抢先占领了有利地形，并在隘口修筑了碉堡，封锁了路口，红军暂时无法通过。

黄开湘、杨成武为了争取时间，决定兵分两路，迅速突破守军的堵击。其中一路由三营两个连从正面半山腰的麦地坡桑树下隐蔽佯攻，吸引守敌的注意；另一路由红四团党总支书记罗华生、三营营长曾庆林率领一个连从左边攀藤附葛，翻越高山，包抄守军后方。国民党军受到两面夹击，顿时乱成一团，四散逃命。战斗很快结束了，红四团歼敌1个营，俘虏100余人，缴获步枪100余支，机枪10余挺，自身伤亡仅3人。红军占领隘口后，继续前进，于傍晚到达什月坪。这一天，红四团行军40公里。

中央红军在安顺场强渡大渡河成功后，蒋介石才判明红军的去向，即与夫人宋美龄、顾问端纳、国民党政府军事委员会委员长驻四川参谋团主任贺国光一道，于5月26日由重庆飞抵成都。川军第二十四军军长刘文辉担心泸定桥失守将被蒋介石治罪，即于27日赴汉源督战，急令第四旅袁国端部赶赴泸定桥增防。鉴于此，中革军委命令红一军团先遣团务必在29日夺取泸定桥，歼敌并占领泸定城。

5月28日早晨5点，红四团官兵上路了。刚走了几公里，军团部通讯员送来军团长林彪、政委聂荣臻签发的要求先遣团限期拿下泸定桥的电报。黄开湘、杨成武屈指一算，离泸定桥还有120公里，便立即下令全团急行军赶赴泸定桥。由于时间紧急，已经来不及召开动员大会，黄开湘、杨成武只好边行军边召集团部和各营连干部传达上级命令，共同研究完成这一任务的最有效措施。

红四团为了加快行军速度，一边行军，一边召开连队党支部委员会和党小组动员会，迅速进抵猛虎岗下。猛虎岗是一座高约2000米的高山，右傍大渡河，左面是更高的山峰，中间只有一条羊肠小道。这是通往泸定桥的必经之路，山顶有国民党军把守。红军来到这里时，正直浓雾弥漫，五步之外什么也看不见。红四团随即利用大雾掩护，悄悄地摸上隘口工事，靠手榴弹和机枪，把守军打得向后溃逃。红军乘胜追入泸定县境，并经湾东、共和、咱地、磨西，打垮郭明当军一个营和一个团的阻击，渡过雅加梗河，于下午7点左右到达仅有十多户人家的奎武村。该地距泸定桥还有55公里，而且此处的大渡河河面较下游更为狭窄，水势更猛，道路也更难走了。当部队到达杵坭时，突然下起瓢泼大雨，四周黑得伸手不见五指。至此，官兵们已连续行军十多个小时，一天没有吃饭，饿得实难支撑。

红四兵团向大渡河挺进时，发现国民党军的增援部队也在对岸向泸定桥前进。时间就是胜利！黄开湘、杨成武及时向共产党员、共青团员和积极分子说明遇到的困难和严峻的敌情，要求部队次日早上6点前必须赶到泸定桥。他们号召每个人都要准备一根木棍当作拐杖，走不动时，就拄着它走；渴了，就喝雨水；饿了，就吃生米。同时，他们要求把全村老乡家的篱笆全部买下，绑成火把，一班点一个，不许浪费，争取每小时走5公里以上。这时，雨水把道路冲洗得更滑，队伍简直是在摸爬滚打中前行。为了加快行军速度，黄开湘、杨成武还命令把所有的牲口、行李、重武器留下，由管理处长何敬之、副官邓光汉率领一个排带着，在大部队后面跟进。即便如此，还是有人不断地打瞌睡，有的人走着走着就站住了，直到后面的人推他，才猛然惊醒，又赶快跟上队伍。后来，官兵们干脆解开绑腿带接起来，前后拉着走。与此同时，黄开湘、杨成武让司号员用国民党军的联络号音及信号和对岸的敌军进行联络，还让俘虏和四川籍战士回答对方的提问。于是，对岸的敌军就真把红四团当作自己人了。

就这样，红军沿着大渡河西岸极速前进，与东岸的国民党军隔河相望，形成了山谷中盘动的两条火龙，把脚下的大渡河水映得通红。深夜12点，对面的国民党军宿营休息了。红四团官兵乘机冒雨急行，于29日早晨6时许胜利到达泸定桥，歼灭了西桥头守军，占领了西桥头阵地和距桥头二三百米的天主堂，并迅速展开夺取泸定桥的各项准备工作。

泸定桥之战，二十二勇士所向披靡

泸定桥，位于四川省泸定县，是中国著名的铁索桥之一，扼康川交通要道，坐落于群山怀抱之中，横跨于奔腾咆哮的大渡河上。桥长100米，宽2.8米。桥身有铁链9根平行系于两岸，上铺木板，以做桥面，左右各有铁链2根作为桥栏，人行于上，摇摇晃晃，惊险异常。泸定桥的东头与泸定城相连，城内有国民党川军第二十四军四旅三十八团两个营驻守。守军为了拒红军于城外，强迫群众装河沙、石头构筑工事，并把桥板拆除大半，让13根铁链在大渡河上空荡荡地迎风摇晃。另外，国民党军增援部队正沿大渡河右岸向泸定城急进，形势十分严峻。

5月29日下午4点，夺桥战斗正式开始。黄开湘、杨成武在桥头指挥，全团司号员集中在桥头附近吹起了冲锋号。顿时，机关枪、步枪一齐向对岸射击，官兵的呐喊声震天动地。22位勇士背挂马刀，腰缠十几颗手榴弹，一手扶铁索桥栏，一手持冲锋枪或短枪，攀踏着铁索向前冲锋。待22位勇士刚接近东桥头，守军就放火把桥头的亭子点燃，顿时火光冲天。黄开湘、杨成武看在眼里，急在心上，和身边的指战员们一起大声呼喊，为战士们鼓劲。这时，廖大珠一跃而起，带头冲进火海。他扔掉着火的帽子，光着头继续往前冲。其余突击队员也紧跟着廖连长穿过火海，抵进泸定城，与守军展开激战。三连连长王友才率领第二梯队一边铺桥板，一边前进，及时投入战斗。接着，黄开湘、杨成武也率领大部队迅速过桥进了城。经过两个小时的激战，敌军大半被歼灭，余部狼狈逃窜，红四团占领了泸定城，牢牢控制了泸定桥，突击队仅牺牲4人。在此期间，红一师和干部团官兵沿大渡河右岸兼程急进。他们沿途突破了国民党军一个团的阻击，经过艰苦跋涉，于29日晚10时许到达泸定城，与红四团胜利会师。

随后，中央红军主力部队从泸定桥上越过天险大渡河。31日，飞夺泸定桥的红二师四团不顾连日行军作战的疲劳，从泸定赶到飞越岭下，在陈光师长的指挥下，一举攻克了泸定和汉源交界的要隘——飞越岭垭口，为全军打开了通向汉源、荥经、天全、芦山、宝兴的通道，同时也宣告了蒋介石构想的“大渡河会战”彻底失败。

对先烈的缅怀

红军二十二勇士飞夺泸定桥的壮举，气壮山河，蜚声中外。1961年3月，国务院公布第一批全国重点文物保护单位，泸定桥名列其中。1986年10月18日，红军飞夺泸定桥纪念碑建成，邓小平题写碑名，聂荣臻题写碑文。为了让全县各族人民群众永远铭记飞夺泸定桥的壮举，泸定县人民政府把县城的53条街巷全部改用与红军长征有关的地名和已知的飞夺泸定桥勇士的名字命名。

如今，每天都有很多国内外各界人士慕名来到飞夺泸定桥纪念碑公园。他们一方面欣赏泸定秀丽的山川景色，另一方面为红军勇士在天堑大渡河上创造的奇迹而慨叹，深切地缅怀参与飞夺泸定桥战斗的22位勇士。然而，令人深感遗憾的是，飞夺泸定桥的22位勇士中，我们至今只知道廖大珠、王海云、李友林、刘金山、刘梓华、杨田铭、魏小三、刘大贵、王洪山、李富仁、云贵川、赵长发这12人的姓名，其他勇士下落不明，也没有留下姓名。寻找飞夺泸定桥22位勇士及其亲属，成为泸定县人民乃至全国人民的夙愿。

过雪山草地：官兵一致同甘苦，革命理想高于天

肖华在《过雪山草地》中写道：“雪皑皑，野茫茫。高原寒，炊断粮。红军都是钢铁汉，千锤百炼不怕难。雪山低头迎远客，草毯泥毡扎营盘。风雨侵衣骨更硬，野菜充饥志越坚。官兵一致同甘苦，革命理想高于天。”提到雪山草地，几乎每一位经历过长征的老人，都用了一个“苦”字。80多年前红色大军的雪山草地之行，无疑是人类历史上最悲壮的“死亡行军”。1935年6月12日，中央红军二师四团作为全军先遣队来到夹金山下，拉开了长征路上最为悲壮的行程的序幕。

红军被迫穿越险恶的雪山草地

红军在飞夺泸定桥，进入四川境内后，党中央召开了会议。此时，红军面临着三种选择：一是向东进军，抵达茂县、松潘地区，但蒋介石已在这

条路上布下了重兵，走这条路有极大的危险；二是向西，沿一条山路到达四川西北的丹巴、阿坝地区，但这条路上少数民族众多，而且由于国民党的压迫，多数当地少数民族同胞仇恨汉族人，一旦发生冲突会给行军带来许多不便，也不利于保持民族团结；经过反复研究后，红军决定走第三条路——翻越夹金山。为了尽快甩掉追在身后的敌人，胜利北上，开辟新的根据地，中央红军决定，选择雪山草地一线敌人较少的地区，以达到快速行军的目的。

雪山草地位于四川西北部的阿坝地区。川西北高原位于青藏高原东南部，西北高，东南低，海拔由700米逐步上升。这里是高山峡谷地带，峰岭耸峙、连绵起伏，其间的夹金山、虹桥山、梦笔山、鹧鸪山、雅克夏山、昌德山、打古山的海拔都在4000米以上，山顶常有积雪，故有“雪山”之称。在红军翻过的雪山中，以中央红军翻越的第一座雪山——夹金山最为困难，也最具代表性。

夹金山又名甲金山，当地藏民称为“甲几”，意思是山很高、很陡。夹金山属于邛崃山脉，横亘于宝兴县与懋功县之间，这一带地形十分陡险，而从雅安进入川西北地区，只有翻越夹金山这一条山路。夹金山主峰4600米，终年积雪，山上通行地段多在4000米左右。高山空气稀薄，行人缺氧，呼吸困难；气候恶劣，变化无常，时而风雨交加，气温骤降，寒气袭人，时而烈日当顶，骄阳似火。而红军行军途中没有任何可供躲避风雨、缓解饥寒的设施和条件，只能依靠自身的体力、意志和为翻山所做的准备工作来抵御饥寒，克服所遇到的重重困难。长期生活、战斗在南方的中央红军，经历了长途转战，体力消耗很大，缺乏营养补充，且衣着单薄，给养困难，要翻越夹金山所面临的困难难以想象。

而川西北高原的西北部是草原，历史上一直为松潘所辖，故有“松潘草原”之称。它地处青藏高原与四川盆地的连接段，范围大致包括今若尔盖县北部以南，松潘县西段以西，红原县南部以北，海拔在3500米以上，面积约15200平方千米，一望无际。白河和黑河由南而北纵贯其间，河道迂回，水流滞缓，汊河、曲流横生，排水不良，形成了大片沼泽。气候条件尤其恶劣，平均气温低，且天气变幻莫测，时而晴空万里，时而阴霾蔽日，雨雪风暴来去无常。恶劣的自然条件，使得松潘草原的许多区域没有人烟，只有在每年6至9月才有牧骑纳足其间。

在这样恶劣的自然条件下，红军要通过雪山草地自然十分困难。当地百姓世代居住在这里，却是绝大多数人都没有上过雪山。与爬雪山相比，过草地更加困难。雪山再难爬，咬着牙一天也能翻过去，傍晚之前没有翻过去，还可以原路返回，等待机会再翻越。但是草地需要一周时间才能通过，也不可能中途返回。红军长征途中所经历的最大的自然环境困难便是在草地，“没过草地路，难知长征苦”，这是所有参加过长征的老红军的共同体会。草地也是非战斗减员最多的地方，据阿坝藏族羌族自治州党史研究室李仲康统计，“红军三大主力在两年数次过雪山草地期间，非战斗减员在万人以上”[①]。但革命形势要求红军必须战胜一切艰难险阻，以大无畏的革命精神开创道路，通过雪山草地。

翻越大雪山

1935年6月11日中午时分，中央红军先遣队红二师四团进抵宝兴硗碛寨。硗碛位于宝兴县北部、夹金山南麓，这里地理位置偏僻，气候寒冷，生产落后，民众生活贫困，居民大部分是贫苦的藏民。红军进寨后，十分注意执行党的民族政策和做群众宣传工作，因此受到了当地群众的热烈欢迎和拥护。当日下午，在两个年轻向导的带领下，担任先遣队的红二师四团在师长

① 石仲泉：《长征行》，中共党史出版社，2006年，第35—41页。

陈光率领下，开始向长征途中的第一座大雪山——夹金山进军。红军将士经头道桥、凉水井、扎角坝于天黑时到达夹金山脚下。当红四团主力到达夹金山下的扎角坝时，这里的十几户居民，由于听信国民党当局的谣言，一听到有人在山上喊了一声“忙米戈壁”（藏语“兵来了”），便急忙跑上山躲藏起来。他们暗暗地看着红军通过扎角坝，不见一个红军走进自己的房子。夜间，红军沿路边露营，从附近山上拾来柴草，烧起一堆堆篝火，并没有人去拿他们堆在房前屋后的柴火。红军对藏民秋毫无犯的军纪，深深感动了藏民们。第二天，藏民们便陆续回到家里，有的给红军送来了柴火，有的送来了蔬菜。

先遣队从硗碛出来，沿途都要放一张约两寸宽、三寸长的印有字的纸条，特别是到了岔路口，隔不了几步就要放一张，为后来的红军指引方向。

1935年6月12日拂晓，师长陈光率领红二师四团率先开始了翻越大雪山的艰苦行军。红军将士们一大早就出发，沿着崎岖狭窄的山路，穿过寒冷彻骨的晨雾，经筲箕窝、五倒拐向夹金山顶爬去。到筲箕窝时，天才微露晨光，爬上山顶时已近中午。这天天气晴朗，但山上仍有厚厚的积雪，行人若稍不小心，就会滚下山崖，掉进大雪塘或冰窖里而丧生。

当日下午，中央红军先头部队二师四团翻过了大雪山，在夹金山北麓与红四方面军策应部队红九军二十五师七十四团意外相遇，实现了红一、四方面军先头部队的胜利会师。

前卫部队胜利会师的消息很快就传遍了远在天全、芦山地区的中央红军主力和岷江上游的红四方面军，全军上下一片欢腾。

6月13日，红一方面军总部在硗碛附近头道桥的一大块空地上，搭起了一个简易的台子，向红军将士作翻越大雪山的动员。中央红军将士多数是南方人，从未遇到过这样的大雪山和严寒气候。他们本来就衣着单薄，又经过长途征战，粮食严重不足，但面对艰难的处境，包括伤病员、女战士在内的红军将士，仍然毫不气馁。他们在藏、汉人民的帮助下，用柏树皮、干竹子扎起了一把把“火照”，砍来竹干、树皮做成一根根拐杖，又把在当地尽可能收集、买来的干辣椒分给每一个战士，作为翻雪山时的御寒品。将士们扔掉了一些不必要的物品，束紧腰带，轻装出发，向夹金山昂首挺进。

6月14日，毛泽东、周恩来、朱德等中共中央和军委的负责人率军委纵队翻越夹金山，进抵达维，受到当地红四方面军指战员的夹道欢迎。当晚，在达维镇喇嘛寺前的一块开阔地上，两大方面军驻达维部队共同举行了胜利会师庆祝大会。至18日，中央红军全部胜利翻越了长征途中的第一座大雪山——夹金山。

红军过草地

1935年8月的毛尔盖会议后，红军各部随即展开了北越草地的行动。按照计划，8月18日，在前敌总指挥部参谋长叶剑英率领下，右路军先头部队——三十军定南三团，开始进入草地，向班佑进发。8月21日，左翼的红一军团也由毛尔盖出发，踏上了征服泽国草地的艰难路程。

8月的草地，繁花似锦。但对已辗转了几千里，疲惫而缺衣少食的红军将士来说，草地上姹紫嫣红的鲜花之下却隐藏着大自然残酷的折磨和死亡的狞笑。草地上无路可循，部队只有在藏族向导的指引下，踏着掩盖千年沼泽的草甸试探着缓缓前行。红军进入草地后，几乎天天下雨。雨水不仅淋透了战士们的衣衫，也淹没了红军前进的路线。有些地段连续几十里水深没膝，即使藏族向导亦难寻找游牧时留下的痕迹，有的红军战士因此偏离路线，为沼泽所吞噬。

8月，也正是草地冰雹肆虐的季节。有时，面对着铺天盖地而来的“大赛鸡蛋小似豆”的冰雹，红军战士们连藏身之处也找不到。在这茫茫的草原上，除偶尔有少数低矮的灌木丛和几米或十几米高的缓坡平岗，看不见一株稍微大一点的树，难辨方向，有时部队艰难地行进了几个小时，却仍旧回到了原地。

如果说行路之艰直接阻滞着部队的行动，那么缺食之苦则更大地威胁着红军将士的生命。过草地之前，部队虽然曾开展了筹粮工作，要求每人应为过草地准备10天所需的10至15斤干粮，但川西北高原物产并不丰富，何以储备供给数万红军之粮？也正因此，一些红军部队在过草地时所备粮食并未达到要求，有的甚至仅筹到两天干粮。行程仅及一半，有的战士即告断炊。草地里荒无人烟，根本不可能有沿途补给。由于天天下雨，积水滞留，许多地方连野草也找不到。而且这些草原中的潴积之水中有腐烂的陈年衰草，所以不仅不能饮用，还可能导致伤口感染，甚至致残；有时虽遇溪流小河，却因无柴，连开水也喝不成。一面是艰难的行军，一面却是忍饥受渴，红军将士们的体力日减，不少战士走着走着，突然倒下去，便再也起不来了。

除去“食”“行”的困苦，还有“衣”“住”的艰难。高原的寒冷削减着红军的力量。草地8月本是最暖和的季节，白天最高气温可达30度，但是昼夜温差却在25度以上。很多时候，红军将士尚未从白天的日晒雨淋、饥饿疲劳中解脱出来，夜晚的寒冷便又袭来。强劲的高原风夹着雪花，吹向露宿于草坡上的红军将士，寒冷彻骨。每当黑夜过去，宿营地便留下许多身披薄霜的长眠的英灵。醒来的红军将士们掩埋好战友们的尸体，又继续悲壮的行军。

8月24日，经过7天的艰难跋涉，红军右路军先头部队终于走出了草地，进抵班佑，并很快驱逐了驻扎在当地的胡宗南部守军，占领了巴西一带。随后，红军右路军各部经过5到7天的跋涉，也相继抵达班佑。在这被称为“鸟儿也飞不过”的草地，许多年轻的战士长眠于花丛中。仅几千人的红一军团，在草地行军中的掉队与牺牲者，就在500人以上。

这场跨越人迹罕至的茫茫草地的胜利，在给将士们莫大鼓舞的同时，也向世人证明了：共产党人和红军将士为了民族解放、国家富强的伟大事业，不畏艰难险阻；任何天堑障碍，也不能阻挡他们追求独立与自由，奔向光明前途的步伐。

甘孜会师：红二、四方面军胜利会师北上抗日

中央红军长征到达陕北，虽然找到了“家”，但革命形势并不乐观。一是日本帝国主义扩大对中国的侵略，民族危机加深，中国共产党需要调整路线和政策。二是如何克服党内分裂危机，也是中共中央面临的重大考验。而红二、六军团到达甘孜，与红四方面军会师，对于粉碎张国焘的分裂主义和实现三大红军主力的大会师，具有特别重要的意义。

红二、六军团开始长征

红二军团是1930年7月至9月间，由湘鄂边以贺龙任军长的红三军和由段德昌率领的红六军在湖北公安县城南坪镇会合后组成的，以贺龙为总指挥、周逸群为政治委员。它以湘鄂西为根据地，逐渐向鄂西北发展。在历时两年多的反“围剿”斗争失败后，红二军团转战于湘鄂川边地区，在1933年底开辟湘鄂川黔根据地，使长江以南的红军发展出现了转机。1934年10月，由任弼时、萧克、王震领导的红六军团，根据中央指示，辗转湖南、贵州两省，最后到达川黔边，与那里的红二军团会师。两支部队整编后，红二军团辖2个师、4个团，约4400人。红六军团千里转战，损失很大，缩编为3个团，约3300人。贺龙仍任红二军团军团长，任弼时任政治委员，关向应任副政治委

员；萧克、王震分任红六军团的军团长和政治委员。

此时，中央红军已突围长征。红二、六军团为策应中央红军的战略转移，于1934年10月下旬从黔东出发，向湘西北发动攻势；11月下旬，解放大庸（今张家界市），成立湘鄂川黔省委，进行巩固和发展湘鄂川黔根据地的斗争。

红二、六军团的会师和挺进湘西北的胜利，给国民党反动集团以很大的震动。从1934年冬起，蒋介石陆续集中10万兵力对湘鄂川黔根据地进行大规模“围剿”。红二、六军团进行了半年多的艰苦作战，大小战斗30多次，先后与敌军86个团直接对攻，前后占领7座县城，歼灭敌军2个师和1个旅，毙伤敌人1万人以上，生俘敌人8000多人，缴获大量枪支火炮等轻重武器。至1935年夏，湘鄂川黔根据地规模更大，在东西300余公里、南北120余公里的地区建立了10多个县级政权，控制区域人口约200万。此时，红二、六军团已发展到4个师12个团，约2.1万人，地方武装数千人，转战于湘西、鄂西一带，拖住了一二十万国民党军队，减轻了中央红军的压力，支援了中央红军的长征。

湘鄂川黔苏区的扩大，红二、六军团的发展，使国民党统治集团愈益不安。这时，中央红军已北上陕甘，湘鄂川黔苏区是长江以南地区唯一规模较大的革命根据地，蒋介石将其视为心腹之患，于1935年9月始，对湘鄂川黔苏区展开了更大规模的“围剿”，同时进行严密的经济封锁。这次“围剿”纠集了130个团的兵力，约20余万人，并在湖北宜昌成立了行辕[①]，统一指挥“围剿”的军事行动。

面对敌人“围剿”的严峻形势，1935年11月4日，贺龙、任弼时、关向应等在湖南省桑植县刘家坪召开中共湘鄂川黔省委及军委分会联席会议，着

① 行辕是民国时期一级机构的名称。

重讨论反“围剿”问题。会议最终决定，突破优势国民党军的包围，实行战略转移，到贵州石阡、镇远、黄坪方向，以创造条件建立新的根据地[①]。11月19日，红二、六军团分别在刘家坪和瑞塔铺举行大会，誓师突围。当晚，红军指导员1.7万余人，在贺龙、任弼时等领导下，从桑植出发，突破了敌人的封锁线，踏上了战略转移的征途。

转战滇黔乌蒙，挥师香格里拉

红二、六军团的长征，按照贺龙的建议，拖着敌人兜圈子，从南突围，先取湘中，调动敌人，然后再转入滇黔。

1935年11月底，红二、六军团到达湘中，扩充新兵8000多人后，声东击西，穿插于湘黔之间，于岁末年初转移到黔东一带。1936年2月初，又转战至云、贵、川三省要冲的黔西、大定、毕节地区，实施战略展开，创建新的根据地，成立“中华苏维埃人民共和国川滇黔省革命委员会”；组建中共毕节中心县委，领导黔、大、毕地区党的工作；建立各级苏维埃政权、土改委员会和游击团队，打土豪分田地，发动群众参加红军。在20多天内，新兵扩充5000多人，部队发展到2万余人，比出发时还壮大了。

国民党政府又急调各路军队对红二、六军团进行“围剿”，前堵后追，左右夹击，企图将其围歼于金沙江以东、毕节以北川黔滇交界的狭小地区。在这种形势下，红二、六军团调头向乌蒙山北麓进军。乌蒙山连绵于滇东北和黔西，海拔2300多米，层峦叠嶂，逶迤千里，形成一带高原山地。贺龙利用这个有利地形，指挥部队进行大迂回，使敌军晕头转向；还适时抓住战机，或杀回马枪，或打伏击战，或进行小股战斗，或投入万人兵力打大规模

---

① 李烈：《贺龙年谱》，人民出版社，1996年，第53—57页。

的运动战。敌军不知不觉地被牵着鼻子走了一个月，遭到重创。这次转战千里的乌蒙山回旋战，是贺龙在长征中指挥艺术的杰作。

红二、六军团结束乌蒙山回旋战后，挥师至地处黔滇桂三省交界的黔西南，本想在这里创建新的根据地。但1936年3月下旬，红军总部连发两电，希望二、六军团北上与四方面军会师。二、六军团领导反复研究，决定放弃在滇黔边建立根据地的计划，北上与四方面军会合。于是，二、六军团突然急进滇中，挺近滇西，在急速南下直抵昆明佯攻一番后，日夜兼程调头西进，飞插丽江石鼓，抢渡金沙江。1936年4月下旬，二、六军团来到石鼓时，沿江渡船被藏匿江东，贺龙亲笔致信乡长，请其协助找船。乡长接信后，立即将藏匿江东的船只连同船工交予红军，并找木工与红军一起制作了许多木筏。4月25日至28日，红军在石鼓以上50多公里江面上，在5个渡口紧张抢渡。经过4天3夜，红军1.8万人和数百匹骡马全部过江。

红二、六军团过江后，沿着金沙江东岸往北走，翻越玉龙雪山，前往中甸。军团广大指战员多是南方人，翻越雪山对他们是个严峻考验。他们同红一、四方面军在川西北翻越雪山时一样，在自然环境极为恶劣的困难面前，不但表现出了英勇顽强的意志，还表现出了团结互助的高尚风格，征服了这座当时人迹罕至的大雪山。5月上旬，二、六军团到达中甸地区。

中甸位于滇西北，是青藏高原南沿横断山脉的腹地，为藏族聚居区。红二、六军团在中甸休息了10天左右。县城外有个归化寺，是云南最大的藏传佛教寺庙。二、六军团到中甸，是首次进入藏区，他们严格执行党的宗教政策，也做归化寺喇嘛的统战工作。红军积极为藏民做好事的行动，使他们消除了疑虑，愿派代表与红军谈判。贺龙会见其代表，说明红军政策，写信给归化寺的八大老僧，请寺庙帮助筹办粮食。八大老僧见红军这么好，非常高兴，两天内就筹集到了20多万斤青稞，还支援了一些红糖。贺龙回赠“兴盛番族”的锦幛和其他礼品。随后，红二、六军团兵分两路继续北上，前往甘孜与期待着的红四方面军会师。

红四方面军与红二、六军团会师

为策应红二、六军团北上，红四方面军第三十二军和第四军一部奉命由道孚南下，相继攻占了东俄洛、雅江和西俄洛，阻止了国民党军对红二、六军团的阻截，以确保他们北进侧翼的安全。红四方面军总部还专门进行了迎接红二、六军团到来的动员和部署。在动员会上，徐向前要求大家要相互学习，取长补短，加强团结，一致对敌。红四方面军各部队也展开了迎接会师的各项准备工作。

红二、六军团分兵后，右路部队六军团在萧克、王震率领下，离开中甸，翻越雪山抵达川滇交界的乡城县，受到寺庙代表的欢迎。此前，四方面军已致信二、六军团所经沿线的寺庙和当地头人，说明共产党的民族宗教政策和红军兵力的强大，希望他们不要与红军为敌。二、六军团所经途中的多数寺庙和当地头人对前来的红军采取了友好态度。萧克、王震等领导对乡城的寺庙和当地头人也还之以礼。从中甸经乡城到甘孜，多是雪山高地，海拔四五千米。他们翻越的雪山虽然没有中央红军翻越的雪山名气大，但所翻越的雪山数目却更多。六军团在翻越雪山到乡城途中，有600多名指导员倒下。这里是紧邻西藏的高寒地区，交通十分不便，国民党军很难到此前堵后追，他们行军可以相对从容一些。

6月3日，红六军团先头部队进抵离甘孜约250公里的理塘以南地区，与前来接应的四方面军先头部队会合。次日，六军团指导员全部到达该地，受到四方面军和当地藏族群众的欢迎。六军团和四方面军多为两湖人，他乡遇着乡亲，两军将士分外激动。下旬，红六军团抵达甘孜附近，受到专程从红军总部赶来的朱德、刘伯承等的热情接待。朱德对六军团历经艰辛，战胜雪山困难，前来会师，表示热烈欢迎。他号召两军要继续北上，团结一致，这是当前的首要任务。

红二军团在分兵后是左纵队，基本上沿着金沙江，与西藏隔岸相望而行，北上进军遇到的困难更多些。一是5月上旬，刚出发没多久，在一座山势陡峭险峻处，遭遇地方武装袭击。经过激烈战斗，头人被击毙，地方武装作鸟兽散，红二军团才过了险关。二是在进入川西南角的德荣县城时陷于缺粮境地。经过多方努力，筹到六七万斤粮食，部队"粮荒"才缓解。三是5月中下旬，在金沙江畔的巴塘县南遭遇顽固势力聚集500多名喇嘛和护寺武装的阻堵。经过多方宣传政策，红军得以通过。但是，为红军担任翻译的喇嘛后来却被杀害。6月下旬，二军团在紧邻甘孜的白玉县受到寺庙友好接待。该军先前没有休整，到了白玉县，比较顺利，经过几天休整后又日夜兼程，赶往甘孜。7月1日，红二、六军团集结到甘孜县城附近，朱德、张国焘、陈昌浩等从炉霍赶来，会见贺龙、任弼时、关向应等。同日，中共中央和红一方面军领导人给红四方面军及红二、六军团发来贺电："我们以无限的热忱庆祝你们的胜利会合，欢迎你们继续英勇的进军，北出陕甘与一方面军配合以至会合，在中国的西北建立中国革命的大本营与苏联外蒙打成一片，与全国抗日人民抗日军队抗日党派建立抗日救国的统一战线，组织人民的国防政府与抗日联军，向着日本帝国主义及其走狗卖国贼开展神圣的民族革命战争，挽救中国之危亡，解放中华民族于日本帝国主义的铁蹄之下。"[①] 7月2日，两军举行了隆重的会师大会。

7月5日，红二、六军团奉中革军委电令，组成中国工农红军第二方面军，贺龙任总指挥，任弼时任政治委员，萧克任副总指挥，关向应任副政治

① 中央档案馆：《红军长征档案史料选编》，学习出版社，1996年，第12—20页。

委员。所辖第二、第六军团建制不变，另将第三十二军编入第二方面军。

红二、六军团与红四方面军的甘孜会师，为红四方面军尽快北上、三大主力红军胜利会师，创造了非常有利的条件。同时，甘孜会师使两大主力红军聚集在一起，极大地增强了北上的力量。会师后，贺龙、任弼时、关向应等人从大局出发，坚决支持朱德、刘伯承等维护统一、坚持北上的主张，大大增强了与张国焘斗争的力量。

第三章

全面抗战时期

四川革命读本

中国的抗日战争，是一个集全民族之力抵御外侮，保卫祖国的艰难征程，在这个征程中，全国各个地区、各族人民、各个阶级都不计得失地贡献出自己的力量，铸就了中华民族钢铁般的意志，创造了一段可歌可泣的光辉岁月。在这段岁月之中，四川民众同全国人民同呼吸、共命运，展现了英勇顽强、坚韧不屈、舍己为公的美好品质。他们积极参军参战，为抗日战场贡献了大量军队，赢得了“无川不成军”的美名，打造了一支永垂青史的抗日队伍。四川人民发起献金运动，节衣缩食、省吃俭用，积极贡献出自己的粮食、衣服、首饰和钱财，用自己的绵薄之力来挽救国家于危亡。八路军驻重庆办事处是中国共产党开展抗日民族统一战线工作和进行国际交往的前线司令部，为抗战的胜利做出了巨大的贡献。同时，我们自己的舆论阵地《新华日报》，做到了深入、强力和有效的舆论引导，成功地作为党和人民在抗日战争时期的喉舌，吹响了抗日的号角。一代船王卢作孚，创立了民生航运，造就了打不垮的长江运输线，成为抗日战争中物资运输的绝对主角之一。这里有敢于斗争的民众，呼吁国民党政府建立民意机关，积极地为取得抗日战争的胜利和国家的光明未来建言献策。四川是抗战的大基地，四川是抗战的大熔炉。在全国抗战14年时间里，四川的前方将士浴血沙场，艰苦作战，后方人民则担负起建设“大后方”和支援前线的重任。他们用生命和鲜血担起了“川军之功，殊不可没”的荣誉，他们是民族独立和人民解放的伟大功臣。

红岩村头：八路军驻重庆办事处成为国统区抗日民族统一战线的主心骨

红岩，是红岩嘴的简称，它的成名是因为八路军驻重庆办事处成立以后，在这里盖了一栋楼房作为工作地点，毛泽东、周恩来、董必武等人曾经在这里指点江山、激扬文字[①]，它是中国共产党开展统战工作和进行国际交往的前线司令部，与大本营延安遥相呼应。这片红色的土地是革命的象征，在国共团结抗日期间担负起了维护国共合作，巩固和扩大抗日民族统一战线的历史使命。

1937年，抗日战争全面爆发，中国共产党号召全国各个党派团结起来，共同抵御日本侵略者的进攻，蒋介石政府在中国共产党抗日民族统一战线的感召下，同意国共两党携手抗日，中国共产党领导的中国工农红军第一、二、四方面军也在统一战线下被改编为国民革命军第八路军。[②] 因为八路军主要的任务是深入敌后，与敌人开展独立的游击战争，所以，为了方便同国

① 王泓，李大钢：《今访红岩村——中共中央南方局和八路军重庆办事处即景》，《四川统一战线》，1995年第8期，第16页。

② 唐振君：《八路军办事处的主要任务》，《文史月刊》，2013年第4期，第27页。

民党政府进行抗日事宜的商议，经过国共两党谈判，中共中央陆续在国统区的中心城市设立了多个国民革命军第八路军办事处，作为国共交涉的枢纽。[①] 八路军驻重庆办事处就是全面抗战时期八路军总部在战时陪都重庆设立的公开、合法的办事机构。

表面上，八路军办事处做的是抄送文书、传达指示等琐碎的事务性工作；实际上，他们打的是没有硝烟的战争，承担着具有重大战略价值的多重任务。[②]

宣传工作

全面抗战期间，八路军驻重庆办事处利用合法地位，宣传中国共产党的抗日主张，推动了群众性的抗日救亡运动。1939年到1946年间，由周恩来率领的中共代表团在八路军驻重庆办事处与国民党进行谈判，协商国共两党合作事宜。八路军驻重庆办事处还通过《新华日报》宣传全面抗战路线和持久战的方针，介绍八路军、新四军的战绩，报道前线战况[③]，并且向抗战前线输送《台儿庄之战》《徐州突围》《八路军出马打胜仗》《大战平型关》等读物，派送抗敌演剧队和抗敌宣传队赴前线慰问演出，鼓舞士气，激发战士的抗战热情。这些宣传行为使人民群众意识到全国各界民众团结一致抗战的重要性，也使他们认识到中国共产党政治上是抗日民族统一战线的倡导者，在中国共产党的领导下抗日战争必能取得最后的胜利。

---

① 唐振君：《八路军办事处的主要任务》，《文史月刊》，2013年第4期，第27页。

② 温贤美：《国共两党领导重庆抗日文化运动的主要机构及其指导思想与影响》，《中华文化论坛》，2004年第1期，第115页。

③ 唐振君：《八路军办事处的主要任务》，《文史月刊》，2013年第4期，第28页。

联络与交流

抗战期间，八路军驻重庆办事处还负责与友军、开明士绅和国际人士进行联络交流[①]，并且始终与中间党派保持着诚挚沟通和良好关系。1941年3月，在周恩来建议和组织下，张澜、沈钧儒、章伯钧、黄炎培、许德珩、梁漱溟等联合起来，成立了中国民主政团同盟，共产党给予民盟精神和物质上的多重支持。民盟在香港办报，南方局以“南洋富商”名义交给梁漱溟5000元经费。[②]太平洋战争爆发后，英美等西方国家人士频繁到重庆访问，周恩来也同这些外国人士进行广泛的接触，与他们进行友好的交流。八路军驻重庆办事处从1942年开始编印一些小册子，主要介绍敌后根据地的抗日斗争、民主生活和生产建设，或者全文翻译毛泽东的重要文章。至抗战胜利，办事处编的小册子出版了50多种，外事组不断地把这些小册子送给外国记者，使他们对中国有了比较正确的认识。正是这些潜移默化的工作使许多外国人士确信，中国共产党领导的抗日根据地和抗日武装才是对日作战的中坚力量。

筹集物资

八路军驻重庆办事处从设立开始就为延安和其他地区购运物资器材，采买的物品有鞋、皮革、纸张、簿本、蜡烛、香烟、肥皂、自行车、行军锅、通信器材、兵工用具、卫生用品、机械、金属、化工原料等，为敌后根据地

---

① 帅逊，马甫超：《回望红岩——访重庆中共南方局、八路军办事处》，《西南民兵》，1998年第4期，第37页。

② 李响：《奠定新中国的政治基础——重庆八路军办事处》，《档案与社会》，2016年第1期，第17页。

发展工业生产，巩固根据地的建设做出了贡献。1938年国民党迁都重庆后，八路军驻重庆办事处每月到国民党军委会领取拨给我军的几十万元军饷，按中共中央的规定分发给各有关单位和地区。八路军、新四军不断发展壮大，国民党却对我军进行严格限编，特别是在军需物资上经常扣发或者少发。为了适应战时需要，八路军驻重庆办事处就负责到国民党政府有关部门催问和交涉。在国民党封锁边区，停发八路军、新四军军饷的极端困难时期，八路军驻重庆办事处还想方设法克服艰险，扩大采买范围，筹集各种抗日物资，甚至向海外筹集资金。[①] 如皖南事变后，通过宋庆龄的努力，办事处从美国募得1000多万美元的捐款。1945年7月和8月，办事处又从海外募得华侨捐款7200万元法币，为八路军、新四军转运军需物资提供了有力保障。[②]

输送人员

抗战期间，许多大后方的进步知识青年和爱国华侨不满国民党的黑暗统治，非常向往解放区。他们纷纷找到八路军驻重庆办事处，要求到抗大、女大、陕北公学、鲁艺等革命学府学习，要求到延安和根据地去。为保证他们的人身安全，办事处帮他们伪装成运输人员或用其他身份将他们安全送到延安、其他根据地以及抗日前线。1941年至1943年9月，八路军驻重庆办事处共送1000余人赴延安；1945年春至8月，一共护送500名青年人去中原抗日根据地。[③] 总体说来，从1938年到 1946年的8年多时间里，经重庆通讯处和八路军驻重庆办事处介绍到延安和敌后根据地的进步知识青年达5000人之多。

① 庾新顺：《八路军办事处在抗战中的历史贡献》，《当代广西》，2015年第17期，第19页。

② 彭承福：《抗战时期中共南方局在国统区工作的历史功绩》，《西南师范大学学报》，1996年第3期，第49页。

③ 唐振君：《八路军办事处的主要任务》，《文史月刊》，2013年第4期，第29页。

巩固统一战线

八路军驻重庆办事处利用公开合法的身份掩护中共南方局和中共代表团开展抗日民族统一战线工作长达8年，奉行“停止内战，一致对外”的宗旨，利用合法的身份和各种不同的客观条件，推动了地方实力派坚持抗战立场，争取和团结了大批爱国之士。特别是皖南事变后，国共关系面临破裂，八路军驻重庆办事处以公开身份协助南方局和《新华日报》建立新的秘密交通线，印发传单宣传党的方针政策，甚至将周恩来为《新华日报》题下的关于皖南事变的揭露国民党反共投降阴谋的“千古奇冤，江南一叶；同室操戈，相煎何急”印成传单传送到国民党机关内部。[①] 在1939年到1946年间，红岩村的八路军驻重庆办事处把国统区一切抗战的力量团结和组织起来，并与中国共产党在敌后的武装力量相配合，以政治和军事两条战线合击，争取了抗战的胜利。

从1939年到1946年，红岩村的八路军驻重庆办事处与整个抗日战争连为一体，对应着中国共产党的一呼一吸[②]。八路军驻重庆办事处是以第二次国共合作为基础的抗日民族统一战线的标志，是全面抗战时期国统区人民心中的灯塔，中国共产党的领导者们在这条特殊的战线上，用鲜血和生命铸就了不朽的民族之魂。[③]

---

① 曹瑛：《皖南事变前后在红岩》，《红岩春秋》，1998年第1期，第14页。

② 王泓，李大钢：《今访红岩村——中共中央南方局和八路军重庆办事处即景》，《四川统一战线》，1995年第8期，第17页。

③ 庚新顺：《八路军办事处在抗战中的历史贡献》，《当代广西》，2015年第17期，第19页。

《新华日报》：大后方人民坚持团结抗日的战斗喉舌

《新华日报》是中国共产党在国统区内公开发行的第一张大型机关报，也是第二次国共合作和抗日民族统一战线的产物。它诞生于烽火之中，是共产党公开战斗在国民党心脏地区唯一的报纸，它始终以人民的根本利益为出发点，作为党和人民在全面抗战时期的喉舌，吹响抗日的号角。[①]

深刻揭露日军暴行

日本侵华之后，其奴化宣传和殖民教育腐蚀着中国人民的思想，使许多中国人沉浸在中国经济衰败、军事实力不足的消极影响中无法自拔，如果不展开抗日宣传工作，唤醒民众的抗战意识，中国将面临亡国灭种的危险。在这样的形势下，《新华日报》就日寇对中国领土狂轰滥炸，对占领地区民众进行奸淫掳掠、大肆屠杀的情形进行了大量的报道。[②] 如报道1940年9月29日，日本浪人在厦门开人肉市场，诱杀我同胞当马肉卖；1943年5月9日，日军对湖南省南县厂窑镇进行了为期三天的大屠杀，残杀三万百姓，奸淫妇女两千多人。《新华日报》对日军研制生化武器，将中国人作为试验品，投放毒气毒菌，迫害少数民族同胞等事件进行连续报道，激发了群众的抗战热情。据不完全统计，《新华日报》发表日军轰炸中国的报道，仅1938年就

① 王珊：《〈新华日报〉：抗战时期的舆论主战场——论抗战时期〈新华日报〉在文化宣传中的突出贡献》，《新闻研究导刊》，2015年第18期，第7页。

② 汤志华，钟慧容：《〈新华日报〉与抗日战争中的政治动员》，《长白学刊》，2015年第2期，第118页。

多达484篇，1939年多达171篇，1941年108篇，1942年88篇。这些报道，起了非常重大的作用，唤醒了人民的战斗热情，坚定了中华民族奋勇杀敌的决心。

及时揭露国民党阴谋

抗日战争全面爆发后，国共两党重新合作，但是在文化上，国民党对进步言论进行严格的控制①，它加强对新闻宣传的统治，控制新闻的发布权和评论权，对进步报刊进行迫害。《新华日报》从创刊之日起就遭到了国民党当局在纸张供应、设备购置、新闻来源和发行销售等方面的百般刁难。但是，作为中国共产党战斗的喉舌，《新华日报》义无反顾地对国民党顽固派破坏团结、意图毁灭抗日民族统一战线的丑陋行为进行了猛烈的抨击②，揭露了国民党策划的平江惨案和国民党二十七集团军活埋八路军战士的残忍暴行。皖南事变后，《新华日报》刊登了周恩来同志亲笔所写的“千古奇冤，江南一叶；同室操戈，相煎何急”的挽诗③，使蒋介石集团的反共暴行受到了强烈的抨击，有效地防止了国民党顽固派对日寇的妥协投降。同时，《新华日报》还呼吁在挽救时局和复兴中华的关键时刻，一切的个人、团体、党派都应该联合起来共同发声，形成坚不可摧的新的长城。

---

① 张新华：《〈新华日报〉与大后方团结抗战》，《探索》，1996年第4期，第72页。

② 姜宁：《〈新华日报〉与抗日民族统一战线》，吉林大学硕士学位论文，2005年，第35页。

③ 郑春燕：《皖南事变和〈新华日报〉》，《新闻旧事》，1994年第8期，第22页。

科学分析战场局势

全面抗战期间，战场局势瞬息万变，在这样的情势下，《新华日报》充当了战场形势的解说员。它及时刊登和发表有关领导人的重要讲话和文章，为国内军民分析战争时局，准确地向人民群众报道战争的发展和变化，并对战争的发展形势进行专业翔实、科学缜密的分析，判断战争最终的走向，解除人民的困惑和疑虑。[①] 例如南京大屠杀后，《新华日报》就发表《恐怖的南京城》，报道南京的惨状和日军的暴行；1940年，日军对重庆进行不断的轰炸，民众在死亡的威胁中陷入了悲观和绝望，在此艰难的时刻，《新华日报》从积极方面来开导民众，唤醒民众的抗战热情，坚定爱国将领的抗战决心，提高了国内各党派的抗日积极性。特别是在民众被“亡国论”和“速胜论”扰乱的时候，《新华日报》及时发布了毛泽东同志的《论持久战》，全面、深入、系统地对敌我双方的背景和实力进行了解剖，科学地分析了抗日战争是按防御、相持、反攻三个阶段推进的持久战，有效地驳斥了“亡国论”和“速胜论”的腔调，让民众对战争的规律和形势变化有一个正确的认识，同时也让人民群众对这场持久的战争保持着必胜的信心。

大力宣传战士功绩

《新华日报》作为中国共产党的喉舌，还积极宣传八路军、新四军以及一切爱国官兵的光辉战绩和敌后抗日根据地的成就[②]，正确引导时局，让人

---

① 梁敬唯：《〈新华日报〉的抗战宣传活动探究》，广西师范大学硕士学位论文，2016年，第9页。

② 姜宁：《〈新华日报〉与抗日民族统一战线》，吉林大学硕士学位论文，2005年，第19页。

们对抗战的形势和取得抗战的胜利充满了信心，成功地塑造了中国共产党坚决抗战的公众形象，提高了共产党的威望。如1938年10月5日《新华日报》发表的《大战火烧山》一文，就歌颂了八路军指战员与日军搏斗，最后光荣牺牲的事迹；1938年8月25日发表社论，总结了八路军一年以来参加大小战斗600余场，歼灭敌军3600多人的战绩。值得注意的是，《新华日报》刊登八路军和新四军的新闻时，都会标明部队的番号，让民众可以更加详细地了解共产党军队的光辉战绩。同时，因为全面抗战时期全国组成统一战线，《新华日报》也报道国民党官兵在正面战场上抗击日寇的英勇斗争，例如1938年《踏进台儿庄》中的战地特写和1939年对昆仑关大捷的报道。无论是胜利还是失败，《新华日报》都将真实情况告知民众，让举国上下可以同喜同悲。

努力巩固统一战线

《新华日报》是中国共产党的党报，团结、抗战、救国是它的宗旨，在全面抗战时期它的一个重要任务就是维护民族统一，反对分裂和投降，巩固抗日民族统一战线。① 据不完全统计，在全面抗战期间，《新华日报》宣传建立和维护抗日民族统一战线的相关文章和报道多达900多篇。它一直告诉人民，只要人民群众团结协作，无论敌人多么强大和凶狠，我们的国家都会无坚不摧。它发表《汪精卫叛国》的新闻，强烈谴责汪精卫的卖国汉奸罪行。为了防止日本侵略者将蒋介石集团诱降拉拢过去，《新华日报》大量发表文章，揭露日军的阴谋，加强反对诱降的宣传，提醒人民群众提高警惕，同时也大量发表文章宣传抗日民族统一战线，给蒋介石集团敲警钟。为了提

① 朱军：《抗日民族统一战线在重庆的伟大实践》，《重庆日报》，2015年7月7日第4版。

高民众对时局的认知和理解能力，《新华日报》还设立了一个“读者信箱”栏目，用来回答民众的疑惑[①]，同时也开设了“工人园地”副刊，对工人阶级艰苦的生活和工作状况进行报道，这一系列的措施都使工人阶级和其他群众紧紧地团结在了党的周围，使党与民众建立起了良性互动[②]，提高了共产党的影响力，团结了一切可以团结的力量，维护和巩固了抗日民族统一战线。

在抗日战争的舞台上，《新华日报》扮演着重要的角色，它对抗日将士的英勇事迹和一切进步现象进行真实的宣传，对破坏抗战的丑陋行为和一切汉奸行为进行无情的揭露；它积极动员广大人民参战，大力宣传共产党抗战的主张和方针政策，为争取国家独立和巩固抗日民族统一战线做出了重大的贡献，是大后方人民坚持团结抗日的重要的战斗喉舌。

川军出川：八路军、新四军和国民党抗日军队中的川籍杰出将领

成都人民公园里，有这样一座铜像，它展现的是一位军人，着短裤、绑腿、草鞋，手握步枪，身背大刀、斗笠、背包，昂首跨步仰视前方，冒着敌人炮火正欲冲锋陷阵。你可能不知道这座铜像具体代表哪位战士，但是你一定不会忽视他代表着的一个响亮的称号——抗日阵亡英雄。

“九一八”事变之后，日本帝国主义加紧了对中国的侵略，民族危机进一步加深，中华民族面临着亡国灭种的危险。四川虽然地处中国的西南方，但是覆巢之下，焉有完卵？所以川军将领们在日本帝国主义疯狂进攻的压力和中国

---

① 唐筱童：《重庆时期的〈新华日报〉：密切联系群众的典范》，《媒介纵横》，2014年第12期，第131页。

② 毛婷婷，敦枫：《抗战时期〈新华日报〉的影响力》，《媒介纵横》，2012年第1期，第113页。

共产党抗日民族统一战线的感召之下，逐渐认识到日本帝国主义才是最主要的敌人。于是，他们纷纷团结起来，带领四川人民一起掀起了抗日救亡运动的高潮。四川人民在整个抗日战争中出人、出粮、出钱、出力，坚持同全国人民同呼吸、共命运①，涌现了很多妻子送丈夫、母亲送儿子上战场的感人故事。

朱　德

在中国人民抗日战争的历史上，朱德为国家的独立和人民的解放做出了不可估量的贡献，特别是在全面抗战期间，他被授予了国民革命军上将军衔及抗战胜利勋章。

朱德，1886年出生于四川省仪陇县，年少时渴望戎马生涯，后来在十月革命和五四运动的影响下，逐渐接受马克思主义的思想。“九一八”事变后，日本帝国主义加紧了对中国的侵略，民族危机进一步加深，朱德立志要将敌人赶出我们的国土。1935年11月28日，朱德与毛泽东联名发表了《抗日救国宣言》，公开呼吁建立抗日民族统一战线。后来在1936年5月5日，朱德又与毛泽东联名发表《停战议和，一致抗日》的通电，认为建立和发展抗日民族统一战线是夺取胜利的前提条件。为了巩固抗日民族统一战线，作为八路军总司令的朱德积极在政治上帮助友军进步，在训练上帮助友军提高战略战术，在各个战役中主动配合友军作战，使华北战场上出现了国共双方军队团结合作抗击敌人的动人情景。不仅如此，朱德还特别注意对那些有实力且愿意抗日的地方实力派进行统战工作。1936年8月7日，朱德致信川军总司令刘湘，晓以大义，大声疾呼团结抗日，最终，川军将领纷纷请缨出川抗日，壮大了抗日民族统一战线的力量。另外，作为一名军队

① 龙雅芳：《论川军出川抗战的成因及其意义》，《四川经济管理学院学报》，2005年第4期，第3页。

指挥官，朱德还非常重视对日作战的战略战术研究。他从战略高度分析出，抗日战争不是一年半载可以解决的，战争必会长久，战线必定很宽，所以，要做好长期抗战的准备。

邓小平

邓小平，四川广安人，中国共产党重要领导人之一。七七事变后，日本帝国主义发动了全面侵华战争，民族危机进一步加剧，此时，邓小平认识到只有国共联合起来打击敌人，力量才更加强大，因此他积极着手推动国共第二次合作。1937年8月，邓小平随中共代表团应国民党的邀请参加军政部的谈判。8月22日，国民政府军事委员会发布相关命令，第二次国共合作正式建立。1937年9月21日，邓小平随朱德等人到达太原，以八路军代表的身份领导组织战地总动员委员会，大力开展群众运动。11月18日，太原失守，邓小平在撤退的途中命人组织游击队，并吸收抗日青年学生，壮大了共产党抗日的队伍。1938年1月，中央派邓小平任一二九师的政治委员，从此，刘邓并肩战斗。在太行山麓，刘邓一起部署了长生口、神头岭、响堂铺等伏击战，其中，响堂铺战斗是邓小平亲自上前线指挥的。同年4月，在长乐村战斗中，刘邓有勇有谋，歼灭敌军2200余人。1940年7月初，为了粉碎敌人的“囚笼政策”和避免国民党投降的危险，八路军总部决定发动百团大战。刘邓接到这一命令，夜以继日地研究和谋划。最终，一二九师在百团大战中与兄弟部队并肩战斗，取得了辉煌的胜利。百团大战后，邓小平根据敌我形式的变化，提出了“敌进我进”的方针。该方针下一系列的措施和方法，丰富和发展了抗日游击战争，壮大了我军的力量。

陈 毅

陈毅，四川乐至人。抗日战争全面爆发后，陈毅参与新四军的组建工作，在领导南方红军和游击队实现由国内革命战争向抗日民族解放战争的战略转变中起到了重要作用。新四军成立之初，陈毅任第一支队支队长，为贯彻向东作战和向北发展的方针，1938年5月，他率第一支队主力挺进苏南敌后，与第二支队协力开辟了以茅山为中心的苏南抗日根据地。抗日战争进入战略相持阶段后，他根据中央关于发展华中的方针，率江南主力北渡长江，进行了黄桥战役，开辟了苏北抗日根据地，打开了华中抗战的新局面。11月，华中新四军八路军总指挥部成立，陈毅任副总指挥并代理总指挥。皖南事变后，新四军军部重建，陈毅任代理军长，与政治委员刘少奇统率新四军连续粉碎了日伪军对盐阜、苏中、苏南和淮南等抗日根据地的“扫荡”“蚕食”和“清乡”，使新四军和华中抗日根据地获得了新发展。1942年春刘少奇返延安后，陈毅领导新四军坚持华中敌后抗战，全面加强部队建设，巩固并发展了抗日根据地。在整个全面抗战时期，陈毅还坚决、机智、灵活地执行党的统一战线的方针、政策，把做好统一战线工作当成争取抗日战争胜利的基本条件之一，在任何时候和情况下，他都胸怀抗战全局，反对“左”的关门主义倾向，高举抗日民族统一战线的旗帜。他经常号召大家学习毛泽东同志的《中国共产党在抗日时期的任务》和《为争取千百万群众进入抗日民族统一战线而斗争》两篇著作，坚持并巩固着抗日民族统一战线。

刘　湘

刘湘，四川大邑人，川军将领。“九一八”事变之后，在日本帝国主义的侵略之下，民族危机进一步加深。1932年8月，四川抗日救国会发动8万多成都民众进行了呼吁“全川民众团结起来，督促川军出兵抗日”的请愿出兵大游行，在此情形下，刘湘开始思考川军出川抗战的事情。1937年七七事变后，日本开始了全面侵华，在中国共产党抗日民族统一战线的感召下，1937年7月10日，刘湘电告蒋介石请求抗战，同时发表《告川康军民书》，呼吁全川一致抗日。在刘湘的带领下，全川抗日热情高涨。[①] 7月25日，刘湘命令川军进行整编，同年8月7日，他飞往南京参加国防会议，在会议中指出：“竭力抗战，四川可以出兵三十万，供给壮丁五百万和粮食若干万担。”他的这些积极抗战的言论有力打击了那些认为“攘外必先安内”和对抗日持妥协退让态度的人。刘湘很早就认识到，要想将日本侵略者赶出国门，必须结成广泛的爱国统一战线，所以他主张各省联合，一致抗日。[②]“八一三”淞沪会战爆发后，国民政府决定将川军命名为第二路预备军，刘湘任司令长官。从此，刘湘领导的川军踏上了抗日救国战斗的征途，开始在抗战的历史上写下属于川军的辉煌篇章。

范绍增

范绍增，四川大竹人。他曾是袍哥中人，出身绿林，被招安后当了师长。1938年，武汉被日军占领，蒋介石给了范绍增一个军的番号，命令其带

① 陈玉娇：《刘湘与川军二十一军》，西南大学硕士学位论文，2012年。

② 高松：《刘湘率领川军出川作战的背景》，《成都大学学报》，2007年第1期，第50页。

兵出川抗日，保家卫国。在旧日好友罗君彤的帮助下，范绍增成立新兵编练处，开始组建军队，同时又利用其旧日在袍哥和旧部的关系，号召人们积极踊跃地参军参战，保家卫国[①]。于是其麾下很快就有了6个团，共10000余人。有了人员之后，范绍增又找到自己的老部下，让他们帮忙修理一些破旧不堪的武器。他还曾到周恩来那里请教克敌的经验。通过对新四军管理经验的学习，他提出“四大注意，十二项纪律”来整训部队。很快，这只“拼凑”起来的部队就内容完整了。尽管这支部队是短时间内“拼凑”而成的，范绍增却仍然热情高昂，他告诉官兵们：“过去打内战都是害老百姓，如今抵御日本侵略，就是倾家荡产，也要把日本人赶跑。”[②]于是，1939年初，他率兵出川抗日，在江西东乡一带同日军作战。1940年夏，又在浙江西部作战。同日军第二十二师在宜昌一带展开生死较量时，范绍增不畏生死，亲临战斗第一线督战，取得了战斗的胜利。1942年5月，参与浙赣会战，取得了不俗的战绩。

王铭章

王铭章，四川新都人。七七事变之后，时任一二二师师长的王铭章奉集团军的命令于1937年9月带领部队开赴前线，加入了战斗的序列。为了将敌人赶出国境，王铭章带领军队徒步出剑门，过巴山，越秦岭而至宝鸡；到达宝鸡后，又因为雁门关失守，晋北局势危急而渡过黄河增援晋北。在晋北作战时，他沉重地打击了日寇。后闻娘子关危急，王铭章又奉命亲率全师抵达晋东增援娘子关，还承担了掩护娘子关内友军安全撤出和攻破平遥县的任务。1937年底，日军占领南京之后，企图攻取徐州，在徐州空虚时，王铭章

① 周恭文：《“哈儿司令”范绍增其人其事》，《党史纵览》，2005年第7期，第14页。

② 周廷光，周恭文：《抗战时期的川军将领范绍增》，《文史春秋》，2005年第7期，第28页。

又奉命率领军队赶赴鲁南，增援北线作战。滕县和临沂是徐州的大门，尤其是滕县，战略位置十分重要。1938年1月上旬，王铭章所带领的军队到达滕县，准备死守滕县。在滕县保卫战中，日军火力很猛，在大炮、飞机、坦克全线压境的时候，王铭章带领将士们英勇作战，在敌人的包围中坚守城池。日军不断地向滕县进行炮火攻击，在孤立无援的情况下，王铭章腹部中弹7处。最终300余名重伤残兵由于不愿落入敌人之手，于1月18日午时，用手榴弹与敌军同归于尽，全部战死。李宗仁将军说："滕县一战，川军以寡敌众，不惜重大牺牲，阻敌南下，达成战斗任务，写出了川军抗战史上最光荣之一页。"①

饶国华

饶国华，四川资阳人。1912年，在资产阶级民主革命的影响下，他投笔从戎加入川军。② 1937年七七事变后，日本蓄谋已久的全面侵华战争爆发，饶国华立即请缨上阵杀敌。1937年9月下旬，饶国华所在的第二十三集团军奉命出川抗日。10月初，饶国华率领一四五师步行两千余里，于11月中旬到达抗日前线。此时，苏州和常州已经失守，日军逼近安徽芜湖，南京危险。为了保证南京的安全，饶国华奉命率领部队驻守广德，全师将士一致表示要"誓与广德共存亡，不许倭寇逞凶狂"。11月26日，日军出动重型武器向广德前方约六十里的泗安发动猛烈进攻，饶国华指挥部队与敌军展开了激烈战斗，最终由于寡不敌众，泗安于11月30日晨

① 高勇：《川军抗日将领王铭章将军遗骸是如何寻得的》，《中国档案》，2005年第10期，第64页。

② 邓玲：《甘洒热血卫中华——川军将领饶国华殉国记》，《四川党史》，1995年第6期，第18页。

失守。日军夺得泗安后直接向广德进军，为了守住广德，饶国华率领战士们采取各种同归于尽的打法，最终，因为八七一团团长刘儒斋违抗军令，擅自撤退，致使全线崩溃，日军于11月30日午时占领广德。广德失守，饶国华痛不欲生，当日晚上，他忍受着负伤的痛楚，写下绝命书号召官兵“奋勇杀敌，驱寇出境，还我国魂，完成我未尽之志余死无恨矣”[①]，然后举枪自杀。

李家钰

李家钰，四川蒲江人[②]。七七事变后，日本侵略者全面侵华，李家钰深感国家危急，于是立即请缨上阵杀敌。1937年8月，蒋介石密电李家钰率领部队出川御敌。同年9月初，李家钰率领其部队四十七军从西昌到达前线。1940年到1944年，李家钰部一直负担着河南陕县、灵宝一带的黄河防务。1944年，已经是强弩之末的日本侵略者为了挽救败势，调来51万兵力，发动了豫湘桂战役。[③]此时的李家钰正驻守河南中条山地区，在日军的强大兵力面前，他率领第三十六集团军在战场上与敌人周旋。1944年4月18日，日军强渡黄泛区，分为三路进攻，一路西犯郑州，一路南犯尉氏，一路沿平汉线南犯新郑、密县。面对来势汹汹的敌人，第一战区的司令官蒋鼎文却畏敌先撤退，留下40万军队群龙无首，最终导致河南战场几近失控。此时，李家钰牢记阻碍日军的重任，亲自督战，独挑大梁，带领兵力少的第三十六集团军拼命掩护友军撤退，伤亡惨重。同年5月上旬，在后撤各部将

---

① 施惠政：《南京外围保卫战中殉国的饶国华》，《江淮文史》，2005年第5期，第122页。

② 四川省档案局利用处：《档案再现李家钰将军足迹》，《四川档案》，2015年第4期，第31页。

③ 曹蓉：《李家钰将军在抗战中》，《历史与人物》，1994年第12期，第25页。

领的会议上，李家钰也坚持用其部队剩余的兵力掩护其他7个集团军撤退，最后在攀登秦家坡旗杆岭的时候，撤退部队遭到埋伏的日军袭击，受到重创，李家钰身中数弹，额上、左肋被打穿，倒在了旗杆岭上，在52岁之际壮烈牺牲。[①]

川军出川抗日，是川籍官兵在民族危急关头的伟大选择，它抗击了日军的进攻，推动了全国战局的发展，保卫了祖国。川军将领们作为带领川军抗战的杰出人才，是历史和民族的功臣，同时也是四川人民永远的骄傲。

民生航运：打不垮的长江运输线

毛泽东同黄炎培讲述中国的民族工业时曾说：“我国的实业界有四个人不能忘，轻工业的发展不能忘记张謇，重工业的发展不能忘记张之洞，化学工业的发展不能忘记范旭东，交通运输业的发展不能忘记卢作孚。”[②] 卢作孚对于国家航运事业的发展，具有不可替代的作用。抗日战争时期，长江航线在他的守护下成为打不垮的运输线。

“船王”卢作孚

卢作孚出生于国家混乱和危亡之时，幼时家境贫寒，长大后随着知识的丰富和见识的增长而逐渐萌生出“实业救国”的理想。他认为创办实业应以交通运输业最为妥当，于是，1925年秋他回到了家乡合川，拉开了兴办实业的

① 赵忠芹，王凤刚：《抗战名将李家钰血溅秦家坡》，《兰台世界》，2008年第21期，第65页。
② 万珍，王娜：《一代船王——卢作孚》，《企海钩沉》，2002年第5期，第59页。

帷幕。[1] 1926年，闻名全国的民生公司应运而生。民生公司刚开始的发展并不顺利，曾遭到过关系错综复杂的地方恶势力的威胁和敲诈，幸运的是，民生公司以良好的发展前景得到了刘湘和陈书农的支持。在他们的帮助下，地方恶势力的扰乱得以消除。为整合民族航运业力量，卢作孚看准有利时机，陆续合并了川江上几乎所有的民族航运企业，并把旗下轮船的触角延伸向长江的中下游，向霸占该水域的英、日帝国主义国家争航权，最后成为长江流域真正的航运霸主。1927年，卢作孚任江、巴、合、璧峡防局长，管辖合川、璧山、江北和巴县，掌握了一定的武装，成为名副其实的“中国船王”。

民生公司扬帆抗日

“九一八”事变的消息传来，举国震惊。在全国人民抵制英国和日本的货船的运动中，民生公司也顺应人民群众的呼声，提出了“中国人不搭外国船”“中国船不装外国货”的口号，并认为甲级船员只能由中国人担任，开了中国人担任船长的先例。[2] 七七事变后，日本全面侵华，作为民生公司的领导者，卢作孚对员工们说：“国家对外的战争开始了，我们民生公司的任务也就开始了。”[3] 民生公司主动承担的第一个任务就是紧急运送大量的川军前往战争的第一线。1937年7月到10月间，民生公司免费将6个师的川军部队送往了前线，还运送了上万吨生活用品，用于支持前线战士的抗战。上海保卫战失利了，民生公司又主动承担起了将上海、无锡、苏州和常州的器材运往南京和武汉等地的任务，3个月中转移了上万吨物资，为抗日战争做

---

① 蔡佑祥：《一代船王卢作孚》，《文史春秋》，2005年第12期，第43页。

② 赵宏，韩淑芳：《航运巨擘——卢作孚》，《中国工商》，1996年第5期，第39页。

③ 周凝华：《民生公司在抗战中的作用》，《武汉交通科技大学学报（哲学社会科学版）》，1995年第1期，第51页。

出了贡献。1937年11月，国民政府打算迁都重庆，需要随之转移的还有许多物资、人员和工厂，此时，民生公司承担起了撤走物资和转移人员的工作。到1938年8月底，通过民生公司送往四川的物资器材总重达54万吨，人员达16万人次。但这仍不算民生公司支援抗战过程中最危急的抢运。最为危险和紧张的一次抢运当属宜昌抢运。1938年10月，由于国民政府的节节败退，逃难的人流、搬迁的工厂和各类军用器材全部拥塞在宜昌，需要撤往四川。所以，从宜昌到十三码头，沿河两岸都堆满了从南京和武汉转移过来的大约八九万吨的贵重器材，另外还有成千上万需要撤退转移的人员。此时民生公司将轮船全部用于支援抗日，一共抢运了100多万吨物资，运送了150多万人次，用40天的时间完成了常规运输需要一年才能完成的任务。这一危急关头的抢运工作被称为中国实业史上悲壮而伟大的“敦刻尔克大撤退”[①]，为中华民族保留了长期抗战的火种。这一年，当有人来问民生公司收益的时候，卢作孚骄傲地说：“这一年我们没有做生意，我们上前线去了，我们在前线冲锋，我们在同敌人拼命。”[②]

开辟新航线

日军占领长江中下游后，民生公司在长江的航线被切断了。于是，民生公司又在川江及其支流开辟了新的航线，为抗战提供交通运输上的保障和支援。首先开辟的是重庆到巴东和重庆到宜昌三斗坪的航线。巴东是靠近抗战前线的重要港口和湖北政府出入的门户；三斗坪是宜昌专署的所在地，是战时的重要港口。这条两条航线都拥有非常重要的地位，它们的畅通保证了大后方和抗日前线的物资交流。其次，还开辟了以重庆为中心的多条短途航线。由于国民政

① 程永华，何力：《“民生精神”是珍贵遗产》，《中国水运报》，2003年4月16日。

② 默少克：《船王卢作孚》，《国学》，2010年第4期，第32页。

府迁都重庆，大批的学校、工厂、机关等都设置在了重庆的周围，为了方便群众的生活和政府的管理，民生公司新开辟了19条航线用于人民和政府官员短途往来。这些航线的开辟还使城乡的物资及人员交流变多，为战时经济的繁荣做出了贡献。另外，民生公司还开辟了金沙江航线。金沙江流域是水上交通极为不便的地方，但是，此地物产丰富，所以，民生公司克服重重困难，于1941年成功开辟了金沙江航线。后来民生公司又在安边和屏山建立码头，使这里变成了人员络绎不绝的地方，为抗日战场提供了很多的物资支持。除了开辟以上几条重要的航线以外，民生公司还新开辟了重庆到南充与合川到南充的航线，形成了以重庆为中心沟通南北的水上交通。这些航线对文化的交流和经济的发展起到了非常重大的作用，最为主要的是为抗战提供了物资和人员的支持，促进了战争的胜利。

分段联运救国

三军未动，粮草先行，抗日战争到了相持阶段，后方的物资供给非常重要。持续多年的全民族抗战，光靠民生公司倾尽全力进行物资和人员的运输来保证供给，显然难以办到。卢作孚也清楚这一点，所以，他带领着民生公司与其他的运输公司不断拓宽大后方的航线，在长江干支流展开分段联合运输，发挥各自的优势，积极支援抗战，促进大后方的经济建设。在水运联合方面，民生公司和国营轮船招商局在长江中下游和川江进行分段联运，轮船招商局负责长江中下游的运输，民生公司负责川江的运输，以宜昌作为转运地。在水陆联合运输方面，其他运输公司进行陆上的运输，民生公司负责接力水上的运输。在水空联合运输方面，以叙府和泸县作为接运地。1939年1月，民生公司与空军兵站签订联运合同，空军兵站从重庆发往成都的物品，水运方面交由民生公司承担重庆到叙府的运输，华懋公司又接着用木船和竹筏将民生公司运往叙府的货物送向成都。民生公司还开辟了中印空运航线，由印度将物资空运到昆明、重庆等地，民生公司再将其转运至前线。通过这种联合运输的手段，整个水陆空运输线就真正做到了四通八达。

承担战后回迁工作

1945年9月3日，抗日战争取得胜利。此时，卢作孚和民生公司承担起了难度并不亚于当年撤退任务的回迁工作。面对这么多需要回迁的物资和人员，卢作孚绞尽脑汁筹谋部署。在卢作孚的指导下，在距重庆600多公里的湖北省宜昌市，一艘名为“民来”的客轮悄然驶进港口，船上搭载的是民生公司选派的首批管理人员和技术人员，他们赶来重建公司沿江各港口的分支机构，为重新启动长江黄金水道的航运做准备。虽然此时的民生公司经过多年战争的摧残，运输能力已经大不如前，但是卢作孚以及其领导的民生公司还是在第一时间紧张地分配人员，下达命令调动一切可以利用的船只负责回迁工作。民生公司办公室灯光通宵不灭，电报和文件像雪片一样送来和发出，回迁运输工作在极为困难的条件下紧张地进行起来。经过卢作孚的努力，整个长江航线在极短时间内便有效组织起来，一个半月内，长江航线全部得到恢复。庞大的回迁工作也在民生公司的努力下顺利地完成。

1952年2月8日，卢作孚这颗中国航运史上璀璨的巨星，倏然而寂静地在重庆陨落。[①] 回顾历史，我们没有看见哪一位船王像他一样经历过如此动荡的时代仍立于不败之地；也没有几个企业像民生公司那样经历了大自然的干扰、兵匪的纠缠、商业的竞争以及与政客之间的明争暗斗还能稳定发展。一艘名叫“民生”的小轮船，自从驶入长江，就开始为中国的航运史创造出了一个又一个的奇迹。[②]

---

① 蔡佑祥：《“一代船王”卢作孚》，《党史文汇》，2006年第8期，第34页。

② 赵宏，韩淑芳：《航运巨擘——卢作孚》，《中国工商》，1996年第5期，第38页。

献金高潮：四川人民节衣缩食支援抗日战争

“因为它同我有过八年的关系，所以在同它分手的今天，心里免不了有一点恋恋不舍，但是，我想起了前方的战士，为了国家，为了争取我们中华民族的生存，他们且不惜牺牲头颅，我这一点点物质上的牺牲，还有何可惜呢，我又想起后方被敌机炸死的同胞们，可怜他们的身体常常被炸得四分五裂，于是我更加替我的金戒指庆幸，因为它将要发生最有意义的作用——从一个装饰品，一变而成打击敌人的子弹。”这是一名叫华荣生的男青年在献金运动中把他的结婚戒指捐献出来时的感言。

1937年卢沟桥事变后，日本开始全面侵华。战争的继续进行，使得交战双方不仅有兵力上的较量，还有经济和物资上的较量。财政是庶政之母，在战时尤其重要。为了使抗战能够坚持下去，中国在精神上和物质上都需要大规模的民众运动。所以，国民政府开始在全国范围内发出了“有钱出钱，有力出力”的号召，鼓励民众积极捐输国难。四川作为抗日战争的大后方，人民群众更是响应政府的号召，积极贡献个人所有一切精神、物质力量。[1] 四川不仅输送了不计其数的川籍官兵上前线，还开展了献金运动，竭尽所能地在物力上为前线献金献粮，为支援抗战做出了伟大的贡献。

---

① 付文武：《抗战时期国民政府对成都民众献金运动的指导工作》，四川大学硕士学位论文，2006年，第1页。

冯玉祥掀起献金运动

冯玉祥是四川献金运动的倡导者。1942年，年逾花甲的冯玉祥来到成都，成立了“中国基督徒节约献金救国运动总会”，其目的是解决难民问题，更重要的是开展节约献金爱国运动。献金运动最开始在重庆推行，冯玉祥带头通过演讲和义卖字画等方式宣传节约献金。在《新民报》的宣传下，献金运动在初期取得了很好的效果。由于献金运动在重庆得到了良好的推行，所以，1942年，冯玉祥将“中国基督徒节约献金救国运动总会”改成了“中国国民节约献金救国运动会”[1]，并从1943年开始由重庆出发先后三次在四川境内掀起了空前热烈的节约献金运动。第一次献金运动从1943年11月开始到1944年1月结束，其间冯玉祥先后到达内江、自贡、新津和成都等20多个市县[2]，他在途中宣传动员，高呼“国家已经到了生死存亡关头，我们要救国救民”。通过冯玉祥近百次的演讲动员和热情激励，第一次献金运动取得了丰硕的成果。1944年，抗战进入最艰难的阶段，冯玉祥为了争取抗战的最后胜利，从3月开始，在四川掀起了第二次节约献金运动。他依次来到江津、合川、泸县、隆昌等地，除了演讲宣传以外，还携带了几百只成都兵工厂打造的刻有“冯玉祥赠”和“献金救国”字样的戒指，用来感谢四川人民的捐赠，于是，第二次献金运动如火如荼地开展起来。冯玉祥掀起的第三次献金运动，时间是从1944年6月到1945年2月。这次，冯玉祥依次在内江、自贡、富顺和威远等地宣传，在前两次献金运动积累的经验基础上，冯玉祥

---

① 余桂情：《抗战时期四川民众节约献金运动研究》，四川师范大学硕士论文，2016年，第25页。

② 王浩，金华：《抗战末期冯玉祥发起的节约献金救国运动》，《重庆第二师范学院学报》，2016年第5期，第40页。

将军沿途讲述献金救国的意义，让民众感受到“天下兴亡、匹夫有责”。最后，在人民群众的踊跃参与下，第三次献金运动募得了大量资金支援前线战斗，为抗日战争立下了不朽的功绩。

工商业者节约献金

在社会各阶层中，工商业者率先响应节约献金。由于抗日战争的全面爆发，一些东部沿海的企业和工厂认为东边已经不再安全，随时有可能会沦陷，于是跟随国民政府将自己的工厂迁到了四川各地。此时的四川变成了工厂聚集、商业林立的经济发达之地，商人或者工厂主手中集中了大量的资本，对于抗战能够持续有着不可或缺的作用。所以，在四川节约献金运动中，政府大力鼓励商人积极献金救国，商人们也不负众望，通过义卖等各种方式为前线捐赠财物。例如中国国货公司、中华职业学校、冠生园、南京饭店、钢笔大王和精益眼镜公司等企业积极地为前线捐献了粮食和钱财，支援前线的战士们将丧心病狂的敌人赶出国门。

农民群众节约献金

中国自古以来是一个农业大国，抗战时期，农民占全国人数的百分之八十以上，农业也一直在国民经济中占有非常重要的地位。表面看来，一个企业拥有的资产比一个农民多，但是抗日战争爆发之后，中国的商业遭到了严重的打击，早已不能独自支撑战场上财力物力的消耗。而且，商人虽然拥有较多的资产，但毕竟人数少，无法与3.5亿人以上的农民的力量相比①。所

① 仲德：《抗战与发动农民》，《苦干月刊》，1938年第9、10期合刊，第8页。

以，在国破家亡之际，政府大力呼吁农民群众节约献金，农民群众也积极地捐献财物、粮食。据统计，四川人民在1941年捐献了1382万石粮食，1942年捐献了16538万石粮食，1943年捐献了1605石粮食，1944年捐献了1942万石粮食，在1945年还捐献了1822万石粮食。从这些数字中，我们可以看出四川人民对前线的支持和对祖国的热爱。

学生和教师节约献金

在节约献金运动中，青年学生表现出了极大的热忱。1938年，重庆市南开学校的学生就通过组织战时工作委员会、出演校剧等方式，为前线战士征募寒衣和收集书报。因战乱迁到重庆的复旦大学学生，通过义卖和游艺等方式，将得来的捐款一分不剩捐献给国家，表达他们的爱国之心。[①] 在1943年5月到8月这段时间，重庆学生们联合组织劝募飞机的活动，为抗战前线征募了10架飞机和21架滑翔伞；某大学先修班献金74万元，新本女中捐献65万元，国立第十七中学追加1万元的捐款；特别是江津县白沙镇的一名青年学生，将自己辛苦擦皮鞋、当脚夫赚来的钱都捐献给了前线。

青年学生积极捐款捐物，老师们也当仁不让。乐山的武大教授苏雪林把重达50余两的金条捐献给了国家，金陵大学教授范谦衷将自己精心制作的四川地形立体模具捐献给了抗日前线。

献金运动中，小学生们也自发组织起来为国家做贡献，如内江的部分中小学学生就通过几分、几元的累积，捐款多达420多万元；有的小学生带领自己的同学在街头和天桥进行关于节约献金支援抗战的简单讲述，吸引路人捐钱；还有的通过义卖来给前线募钱。这些义举都为抗战的胜利做出了巨大的贡献。

---

① 《新华日报》，1938年12月30日。

妇女同胞节约献金

中国的抗日战争中，妇女们是功不可没的。自抗战全面爆发以来，2.2亿多妇女同胞们就团结起来参加敌后抗日救国的工作。她们有的同男人一样上战场英勇杀敌，有的则主动地承担救助、宣传、洗衣、慰劳的工作，给战争的胜利带来了很大的帮助，这种助力在节约献金运动中体现得非常充分。1939年，重庆2000名妇女爱国献金，一共捐献了63万元现金给国家；1943年三八妇女节，重庆的女性同胞发起了捐献“妇女号”飞机的活动，半年之内筹集法币260多万元，为国家捐献了13架飞机；1944年4月29日，隆昌县人民分队的妇女总队献金50万元，以及71只戒指、120双布鞋、130件背心。[①] 四川的女人非常伟大，她们不仅亲手将自己的儿子、丈夫和父亲送往战斗的第一线，还缝制寒衣，耕种粮食，保证前线的供给。她们用行动向前线的战士们证明了她们是可以并肩作战的好母亲、好妻子、好女儿。

四川开展的节约献金运动在财力和物力上给予了抗战很大的支持和帮助。全面抗战期间，四川出资约4400亿元，捐献粮食约8408万石，占全国总量的三分之一。《新华日报》在1945年10月8日发文：“四川人民对于正面战场，是尽了最大最重要的责任。”

---

① 林红：《四川人民的抗日精神》，《四川档案》，2005年第3期，第6页。

国民参政会：中国共产党领导民主协商的重要阵地

国民参政会是抗日战争时期国共合作的产物，是中国民主政治发展过程中一个不可或缺的重要角色，它是国民党政府在全国抗战和民主呼声不断高涨的形势下，不得不设立的一个具有相当民意代表性的国家机构，在旷日持久的民族解放战争中起到了动员全国抗日力量共赴国难的作用。

共产党提议建立政治民意机关

七七事变后，抗日战争全面爆发，国共两党携手组成了抗日民族统一战线。1938年3月，国民党召开临时全国代表大会，中共中央提交了《中共中央对中国国民党临时全国代表大会的提议》，正式提出建立真正的民意机关的主张。中共中央的提议得到了各民主党派的支持，各民主党派纷纷响应。其实早在1937年8月20日，国民政府就根据《国防最高会议组织条例》，成立了国防参议会，作为国防最高会议的咨询机关，但是国防参议会对于集中各民主党派的智慧进行抗日并没有起到有效的作用。所以，中国共产党和各民主党派才在国民党召开的临时全国代表大会上要求建立真正意义上的政治民意机关。最终，国民政府采纳了这一建议，决定把国防参议会改成国民参政会，并公布了《国民参政会组织条例》。国民参政会的设立是人民群众争取到的民主，是政治发展的进步。当中共党员毛泽东、董必武、吴玉章等7人被蒋介石政府选为参政员的时候[①]，他们还联名发表了《我们对于国民参

① 吴海金，张杰：《共产党参政员与国民参政会》，《武汉交通职业学院学报》，2008年第4期，第1页。

政会的意见》，向广大人民群众表明，中国共产党将以最为积极和热忱的态度参加国民参政会的工作。

维护抗日民族统一战线

抗日战争全面爆发以来，蒋介石政府一直没有放弃“攘外必先安内”的思想，企图摧毁中国共产党。以汪精卫为首的亲日派卖国贼又积极与日本帝国主义暗送秋波，散布“亡国论”，对国民政府进行政治诱降。大敌当前，为了防止抗日民族统一战线出现裂缝，中共7名参政员在国民参政会一届一次会议召开之前联名发表《我们对于国民参政会的意见》，倡导国民党政府同各民主党派和无党派人士共同努力，商讨一切有利于取得抗战胜利的方法，毛泽东更是提出了“坚持抗战、坚持统一抗战、坚持持久战”的主张[①]，维护抗日民族统一战线。在国民参政会一届一次会议上，中共参政员就对以汪精卫为首的投降派进行了猛烈的抨击，提出了《为抗战到底，宜由本会决议宣言，请政府明令公布，以防反间而定人心案》，用行动粉碎了敌人的阴谋。同时，共产党参议员还在《拥护国民政府实施抗战建国纲领的提案》中号召全国人民团结一心拥护国民政府。[②] 这一系列举动表明了中共对于加强国共合作抗日的诚意和信心，得到了各党派参政员的一致拥护。总的来说，在国民参政会上，中共参政员有勇有谋，坚决同分裂分子进行有理、有利、有节的斗争，维护了抗日民族统一战线的团结。

---

① 周勇：《国民参政会与中国各党派关系研究：1938—1948》，《重庆社会科学》，2005年第9期，第6页。

② 杨立志：《国民参政会与国共两党关系论析》，东北师范大学硕士学位论文，2006年，第3页。

为民众争取基本民主权利

实现民主政治是抗日战争取得胜利的重要环节，但抗日战争进入相持阶段后，国民党顽固派却采取反动独裁的政策，使人民群众基本民主权利形同虚设。因此，人民群众的基本民主权利就成为中国共产党与国民党顽固派斗争的第一个重要问题。保甲制度是实现民主的一个阻碍。中共党员吴玉章在1938年7月6日至15日召开的国民参政会一届一次会议中提出《改善区县政治机构和保甲办法案》，指出应该由人民群众自己选举自己的代表成为政府机构的人员。这个提案表达了人民群众的心声，是中国共产党领导各民主党派为人民群众争取基本民主权利的重要举措。另外，国民党逮捕进步青年，压制言论自由的反动举措，也是对民主政治的一种破坏。因此，沈钧儒提出《切实保障人民权利案》，要求国民政府统一法规，不得违背；邹韬奋提出《保障出版自由案》，要求国民党保证出版自由，保障人民群众的言论自由。这些提案都在中共领导下表达了对民众的关心，得到了民众的支持。

为各抗日党派争取合法地位

抗日战争进入相持阶段后，国民党顽固派开始了对内部的整顿，将工作的重心由对外转向了对内，毫不掩饰地进行反共分裂的活动，抗日民族统一战线出现危机。1937年9月以国共两党合作为基础的抗日民族统一战线正式形成以来，国民党在形式上承认中国共产党与其他抗日党派和抗日团体的存在，但是在法律上却一再拖延和拒绝保障抗日各党派的合法地位，不仅如此，还积极强化反共运动，以求集中力量消灭中国共产党，企图将国民参政会变成反对共产党的工具，甚至在国民党五届五中全会上还直接制定了“防共、溶共、限共、反共”的方针。这一系列的做法使各党派团结抗日、一致对外的局面没有真正形成。[①] 面对国民党顽固派的反共行为，中国共产党采取以斗争促团结的方针，一方面仍然以大局为重，坚决维护抗日民族统一战线，支持国民党正确的抗日方针；另一方面，也针对国民党顽固派的反共摩擦采取有理、有利、有节的斗争。1939年9月，根据中共中央的指示，中共参议员在国民参政会上提出了《请政府明令保障各抗日党派合法地位案》，认为不能只有国民党拥有法律的保障，国民政府应该承认各抗日党派的合法地位；[②] 董必武也在国民参政会一届三次会议上提出了《加强民权主义的实施，发扬民气以利抗战案》，要求国民党政府给予各民主党派法律上的保障。这些提案都表达了各党派和人民群众的心声，许多人士都积极发表意见赞成。

国民参政会在抵抗外敌的高潮中诞生，在团结抗战和摩擦分裂的斗争中发展，在中国政治参与发展的过程中具有里程碑式的意义。[③] 以毛泽东、董必武为代表的中国共产党人高举抗战爱国的旗帜，充分利用这一合法的组织，积极宣传党的抗日方针、政策和纲领，为领导各民主党派进行民主协商、政治斗争，以及维护和巩固抗日民族统一战线做出了重大的贡献[④]。

---

① 郑建敏：《抗战期间的国民参政会述评》，《石家庄师范专科学校学报》，1999年第3期，第52页。

② 杨五星：《中国共产党在国民参政会上的工作和斗争》，中共中央党校硕士学位论文，2005年，第26页。

③ 赵祖平：《论抗战时期的政治参与机构——国民参政会》，《江西社会科学》，2010年第7期，第157页。

④ 李冬春，周保华：《中国共产党人与抗战时期的国民参政会》，《山东社会科学》，1992年第2期，第71页。

第四章

解放战争时期

四川革命读本

解放战争时期，是一段光明与黑暗、正义与邪恶相互斗争的时期，是一段两种道路、两个未来相互博弈的时期。在这个时期里，全国各个地区、各族儿女都积极地为创造祖国更加美好的未来而奔走努力。其中，四川人民虽然地处西南偏远地区，但仍然和全国广大人民群众一样，愿意在中国共产党的领导下无私无畏地为国家贡献绵薄之力，拯救民族于水深火热之中。他们为了求和平、求民主、求自由，掀起了轰轰烈烈的争生存、反饥饿、反内战、反迫害的爱国民主运动，推动了民主革命走向新的高潮；他们为了促进国内和平，积极促成国共两党停止内战，进行谈判；他们为重庆政治协商会议能够成功召开，成立了“政治协商会议陪都各界协进会”，积极地为国家的建设建言献策。此外，这里有华蓥山游击队，展现了面对强大的敌人时威武不屈、拼搏献身的革命英雄气概；这里有“中美合作所”里坚贞不屈的革命志士，与敌人进行了英勇的斗争，为新中国的诞生做出了重要贡献，许多共产党员为革命献出了宝贵的生命；这里还有西南军政委员会，因地制宜地制定政策和实行管理，保证了新生政权的巩固和国民经济的恢复。四川是解放战争历史上重要的一页，是不可缺少和无法取代的重要一环，它促进了解放战争的胜利。川渝民众的艰辛努力为建立新中国贡献了力量，他们是新中国走向独立、解放的功臣。历史不会忘记四川的功绩，人民不会忘记四川的奉献。

重庆谈判：争取中国和平前途的斗争

重庆谈判，是抗日战争胜利之际，国共两党就中国未来的发展前途、建设大计所进行的一次历史性会谈，从1945年8月29日到10月10日，经过43天的谈判，双方达成了《政府与中共代表会谈纪要》（简称《国共会谈纪要》），给中国人民带来了和平、民主、团结的希望和曙光。

重庆谈判的国内背景

抗日战争胜利之后，日本侵略者被赶出了中国，可是此时国内的形势却相当复杂，社会主要矛盾已经由中华民族和日本侵略者的矛盾变成了中国人民同美帝国主义支持的国民党反动派的矛盾，如何解决这一矛盾成为关系着未来中国命运和发展前途的重大课题。国共两党展开的重庆谈判就是在这样一个大的国内背景之下进行的。具体而言，国共两党之所以要进行谈判，从蒋介石政府来说，一方面，无论是抗战胜利之前还是抗战胜利之后，其都没有放弃过独裁统治的野心，进行谈判的主要原因是国民党发动全面内战的军事部署还没有完成，调动军队的时间需要通过与中共进行谈判来争取；另一方面，人民群众刚从战争的深渊中解脱出来，此时发动内战，必然会引起广大人民群众的愤怒，所以，国民党政府为了取得政治上的主动权，决定进行重庆谈判，达到争取民心的目的。而从中国共产党的角度来说，之所以接受蒋介石的邀请到重庆去进行谈判，最重要的原因是以毛泽东为代表的中国共产党人认为中国多年以来都处于战乱之中，避免内战是人心所向，所以通过谈判实现和平是完全有可能达到的目标。

毛泽东赴约重庆谈判

1945年8月，蒋介石一共三次发电报给毛泽东，邀请中共代表到重庆来进行谈判，共商国是。蒋介石本来的打算是如果毛泽东不敢或不愿来重庆进行谈判，那么就将破坏和平、预谋内战的脏水泼到共产党的身上。[①] 毛泽东及时洞察到蒋介石假和谈、真内战的阴谋，为了给人民群众创造一个和平的生活环境，在反复的权衡之下，还是决定到重庆参加谈判。1945年8月28日，毛泽东、周恩来、王若飞带着党和人民的重托登上了飞机，在人民群众的热烈欢迎中来到了重庆。第二天，以蒋介石和毛泽东为代表的两个政党就进行了针锋相对的会谈。

在重庆谈判中，中国共产党代表并不是仅代表一个党在与国民党进行商讨，而是代表全国各党派、无党派人士和人民群众的心愿和利益。所以，为了实现民主和平，共产党代表还积极地通过各种途径和社会各界人士进行接触，听取他们的意见。[②] 例如中共代表就曾与宋庆龄、冯玉祥等重要人物进行交谈，也曾听取民盟代表张澜、黄炎培、沈钧儒等人的意见和建议，还同国民党要员陈立夫、白崇禧进行接洽。中国共产党的举措赢得了广大国内外人士的同情和支持，他们纷纷建言献策，促进国内民主和平。

---

① 张家康：《毛泽东在重庆谈判中》，《文史精华》，2003年第11期，第4页。

② 彭承福：《毛泽东与重庆谈判》，《毛泽东思想研究》，2003年第6期，第100页。

重庆谈判的关键问题

在政权问题上，建立联合政府，实现国内政治民主，是中共自七大以来的重要主张，毛泽东等中共代表也是带着这样的主张来参加谈判的，但是国民政府认为组织联合政府实际就是推翻国民政府，所以拒绝接受共产党的主张。国民政府为了实现一党独裁，要求在军令和政令统一的原则下，让共产党放弃除延安革命根据地以外的其他地区，并要求将人民解放军纳入国民政府领导下的国民革命军统一指挥，不得在现在的政府之外改组政府。中国共产党就这个问题与国民党进行了谈判。为了早日争取国内和平并破除国民党宣扬的“共产党争地盘”的谣言，共产党代表决定做出退让，宣布将广东、浙江、河南、湖北、苏南、皖南等多个解放区的政权让出来，并让区内的军队撤退到苏北、皖北地区。这样，关于“地盘”的问题才得到初步的解决。

在军队问题上，共产党提出在政治民主化实现之前，可以先行公平合理地整编全国的军队，重新划分军区，避免内战的爆发，但是国民党却以全国军队的整编还在计划当中为托词，无情地拒绝了中共的建议，同时还大力宣扬共产党“只争枪杆子而不愿意缩编”的谣言。共产党为了早日争取和平，决定将现有的军队缩编成48个师，后来又让步，同意缩编成24个师，最后甚至表示可以缩编到20个师，但是还是遭到了国民党的拒绝。国民党不肯缩编自己的军队，也不肯承认人民武装的合法地位。最终，人民军队的合法地位问题还是没有得到合理的解决。

国民党以打促谈

国民党政府与中国共产党的谈判是在边打边谈、以打促谈的政策指导下进行的，这是重庆谈判的一个突出的特点，谈判桌上的斗争与战场上的军事较量是相互配合着进行的。在谈判期间，蒋介石秘密命令各个战区印发“剿匪手本”[①]，还让阎锡山带兵进攻中国共产党的解放区，以军事上的施压来迫使共产党退让。中国共产党为了国家的未来和人民群众的安定生活，不愿与国民党发生军事冲突，但是，面对敌人已经勾结日伪残军攻打解放区的局面，共产党也决定予以反击。因此，毛泽东在重庆发布指示：各解放区军民要坚决打击敌人，直到其缴械投降为止。这一指示经《新华日报》和《解放日报》的宣传，立即传遍全国，鼓舞了解放区军民进行自卫战争的士气，刘伯承、邓小平等也带领着晋冀鲁豫军民进行战斗。最后，在我党军队的坚决反击之下，蒋介石政府用战争促进谈判的计划失败了。

重庆谈判的结果

中国共产党的一再忍让也让蒋介石意识到，如果重庆谈判破裂或者毫无结果，他无法向国内人民群众以及外国一些势力交代。所以经过43天的艰难谈判，中国共产党终于迫使蒋介石政府承认了和平建国的基本方针，承认了中国共产党和各党派的合法地位；同意建立独立、自由、民主、富强的新中国；同意结束“训政”，召开政治协商会议；同意取消特务机关和释放政治犯等。[②] 最后，在1945年10月10日下午，国共两党谈判代表周恩来和张群在桂园签订了《国共会谈纪要》。当天晚上，毛泽东与蒋介石在解放区问题上又进行了一次交谈，最后蒋介石仍然没有让步。第二天，毛泽东和王若飞就在张治中的陪同下乘坐飞机回到了延安，留下周恩来在重庆继续谈判。

---

① 李尚志，刘东康：《我党在重庆谈判中的策略》，《攀枝花学院学报》，2006年第1期，第7页。

② 李和平：《重庆谈判探析》，《福建党史月刊》，2008年第3期。

重庆谈判的历史意义

重庆谈判是中国历史的重要转折点，毛泽东、周恩来等赴渝谈判及与各民主党派的交往，极大地促进了国内政治力量的凝聚和发展，促进了民主统一战线的形成。这是抗日战争胜利后两种前途和两种道路的选择，重庆谈判的成功是中国共产党和平发展道路的成功。在谈判中，中国共产党关于结束一党专政、成立联合政府的思想和关于实现政治民主化、军队国家化、党派平等化的政治主张逐渐为广大人民群众所了解和接受，增进了国统区人民对我党的了解、同情和支持。中国共产党赴国民党谈判之约，使中国共产党在政治上取得了主动权，给中国人民带来了民主、和平和团结的希望，推动了中国的民主运动向前发展。

政治协商的诞生：维护并推进民主政治的斗争

中国的政治协商发端于现当代中国的政治生态环境当中，与这种协商性政治相联系的人民政治协商制度，伴随着中国社会主义政治文明建设从奠基、初兴、一度失衡，再到重构，一路走来，其过程中尤为重要的就是1946年的重庆政治协商会议。

重庆政治协商会议的召开

重庆谈判签订的《国共会谈纪要》是两党对人民群众的承诺，表明了两党和平建国的诚意。可是，当中共代表返回延安之后，蒋介石政府就单方面背弃协定，命令国民党军队向中共领导的解放区进攻，内战全面爆发，和平的最后一点曙光被国民党造成的内战乌云遮盖了。

国民党政府反人民的内战行为遭到了人民群众的反对，国统区的爱国民主运动不断高涨，民主人士纷纷要求国民党停止内战，迅速召开政协会议。从1945年10月底开始，重庆的民主同盟、迁川工厂联合会和多家杂志社团体就联合起来，纷纷要求停止内战，召开政治协商会议。同年11月19日，重庆文化界和工商界500多名代表也联合起来成立了重庆各界人民反内战联合会，并通过制定章程和发表宣言来号召工人、学生和商人通过罢工、罢课和罢市等手段来制止内战的爆发，成都众多的大学生社团也积极地参与运动。

在人民群众的强烈要求之下，1945年12月初，中共主动向国民党表示愿意再开谈判之门。在国民党的同意之下，12月26日，周恩来带领中共代表团从延安来到重庆，参加了各界人士共同参加的政治协商会议。重庆政治协商会议开幕前，在毛泽东的指导下，周恩来做了大量接触民主党派和民主人士的工作，拜访了宋庆龄、孙科、冯玉祥、郭沫若等人，共同磋商未来国家的发展问题；还接见了妇女、青年、工商界和文艺界的代表，阐述了我党实现民主、团结、和平的基本方针，并支持各民主党派为争取和平民主而进行斗争，希望促进政协会议的召开。1946年1月10日，备受瞩目的政治协商会议终于召开，参会者共38人，其中包括国民党、共产党、民主党派等五个方面的代表，各党派和社会贤达团结起来共商国是，讨论和平建国方案及召开国民大会各项问题。[①] 中共领导人周恩来、王若飞和吴玉章等人直接了参加会议。会议各方代表就军队国家化和政治民主化的问题争论不休、互不退让，政协会议召开期间，中国民主建国会、中国民主促进会、三民主义同志联合会等民主党派，向会议提供意见和建议，要求国民党结束一党专政，保障人民的民主

---

① 王球云：《抗战胜利后民盟与政治协商研究（1945—1949）》，湖南科技大学硕士学位论文，2011年，第13页。

权利。其他没有参加正式会议的党派都很关心会议的进行，也提出意见和建议，起到了很好的配合作用。1946年1月31日，政治协商会议经过激烈的斗争，终于通过了关于和平建国的纲领、关于军事问题的协议、关于国民大会的协议、关于宪草问题的协议、关于改组政府的协议等五项协议。[①]

政治协商会议陪都各界协进会的成立

重庆各界对于政治协商会议的召开寄予了很高的期望。为了支持政协会议，根据周恩来的指示，在民主人士许涤新的推动之下，1946年1月9日，在重庆文化界举行的茶话会上，茅盾提议将政协会议后援组织定名为“政治协商会议陪都各界协进会”[②]。1946年1月11日，民主建国会、人民救国会、迁川工厂联合会又联合重庆20多个人民团体代表举行代表会议，一致通过了组织政治协商会议陪都各界协进会的决定，决定在政协会议期间，陪都协进会每天都举行一次各界民众大会，请政协代表报告会议情况；民主建国会出资5万元作为协进会的活动经费，其成员胡厥文、章乃器、徐崇林为协进会的常务理事。[③] 从1月12日到27日，政治协商会议陪都各界协进会共召开了八次各界民众大会，前三次在江家巷口的全作会堂举行，从第四次起改在重庆沧白堂举行，受邀作报告的政协代表章伯钧、罗隆基、李烛尘、郭沫若、张东荪、梁漱溟和中共政协代表王若飞等向各界报告会议情况，听取人民的意见和建议，重庆工人们也积极参加协进会的工作。中国共产党的《新华日报》《解放日报》和其他民主党派办的报刊，都积极地发表对政协会议

① 廖申科，黄绍祥：《周恩来同志在重庆政治协商会议期间》，《现代法学》，1980年第1期，第39页。

② 韩公陶：《在沧白堂听王若飞》，《红岩春秋》，2002年第2期，第24页。

③ 章绍嗣：《中国现代社团辞典：1919—1949》，湖北人民出版社，1994年。

的各项议题的评论，真实地反映人民的愿望和要求。一些有广泛影响的团体，如中国经济事业协进会、中国中小工厂联合会，以及其他各界人民团体成立并参政，都一致要求民主，反对国民党一党专政。

协进会的影响越来越大，正义的呼声越来越强烈，令国民党反动派感到十分恐惧。在陈立夫的指示下，国民党特务故意破坏在重庆沧白堂举行的讲演会。特务和流氓混进会场扰乱秩序，甚至还对讲演的政协代表进行殴打。

虽然国民党运用各种形式一再干扰和破坏会议，但是，民众依然积极努力促进政协会议的进行。1月19日，重庆文化艺术界联名致书政协会议，要求成立联合政府，保障文化工作者的基本自由。1月20日，重庆各界在沧白堂举行实现国内停战和平的庆祝大会，有两千多民众到场要求国民党政府实现“四项诺言”，解散特务机关。1月24日，重庆文化界70多人集会，通过了关于成立“重庆文化界政治协商会议协进会”的决定并制定了相关章程，成立大会由陶行知主持。1月25日，重庆民主教育协进会致书政协会议，要求实行联合政府，结束一党专政，保障人民权利。1月27日，政治协商会议陪都各界协进会在重庆沧白堂举行第八次民众大会，有三千多人到会场听取了王若飞等人对政协会议进程的报告。1月30日，中国劳动协会还发表了《对当前政治的要求和主张》，积极地向政协会议提出建议。终于，政协会议在人民群众的斗争和努力之中通过了和平、民主、统一的政治纲领。

政治协商是马克思主义中国化的一个重要成果，是中国共产党人将社会主义的种子移植于中国特定的土壤，用自己的政治智慧浇灌培育的政治文明的果实。[①] 政治协商会议陪都各界协进会的形成对于重庆政治协商会议的成

① 王智，丁俊萍：《政治文明视野中的政治协商制度——中国协商性政治的历史与逻辑》，《武汉大学学报（哲学社会科学版）》，2004年第6期，第791页。

功召开，对于形成人民群众满意的政治决策有着非常重要的作用，它及时地表达了各民主党派和无党派民众对于未来国家建设的意见和建议，促进了中国民主政治的继续推行。

成渝风潮：四川人民反饥饿、反内战、反迫害的斗争

解放战争时期，国民党反动派在美帝国主义的支持下实行内战、独裁、卖国政策。美蒋反动派的倒行逆施，激起了人民群众的极大愤怒，在中国共产党的领导下，四川民众掀起了轰轰烈烈的争民主、争生存，反饥饿、反内战、反迫害的爱国民主运动。[①]

成渝民众声援死难昆明师生

1945年11月25日，昆明大中学校6000多名师生在举行时事晚会时，被国民党当局的特务和警察包围。国民党特务、警察在场外不断鸣枪，并向场内扔手榴弹，威胁校内师生。同年12月1日，特务和军警们直接硬闯进云南大学等学校，通过开枪、殴打和投掷手榴弹等方式，造成学校多名师生伤亡，场面惨不忍睹。[②]这些暴行和噩耗不断传播，重庆、上海、成都、武汉和遵义等地不断举行追悼会和示威游行，控诉国民党政府的反动统治。特别是成都学生，他们在得知国民党反动派制造了昆明“一二·一”惨案时，怒不可

---

① 马功成：《解放战争时期四川人民反内战争生存的斗争》，《四川师院学报》，1980年第3期，第76页。

② 孙丽英：《反内战、反饥饿、反迫害——国统区人民的爱国民主运动》，《党史文汇》，2000年第12期，第7页。

遏，纷纷发出了慰问和声援。6天之后，成都学生就成立了反内战联合会，援助昆明学生，4000多名成都教师和学生在“一二·九”纪念会上举行了悲壮的追悼仪式，悼念昆明死难师生，控诉国民党反动派的残暴不仁。成都民众也通过加入游行队伍和捐献钱财等方式支援学生。在成都各界人士的号召和倡导之下，重庆人民支援昆明遇难师生的运动也蓬勃地开展了起来，成千上万的重庆人民举行了为期3天的追悼大会，通过书写挽联、悼词，发表祭文等方式表达反对内战的态度。最后，在全国广大人民群众的一致配合之下，国民党政府被迫调离云南省党部主任，撤警备司令之职，赔偿死难者损失。

重庆学生争取伙食费的斗争

1946年6月，国民党政府单方面撕毁协议，内战爆发。内战爆发后，国民党军费支出也与日俱增[①]，为了使内战能够持续，维持军队的用度，国库空虚的国民党政府就开始对民众横征暴敛。当民众被搜刮干净时，国民党政府就靠印刷钞票来维持军费。最终，这些违背经济规律的手段导致国统区百业凋零，民不聊生。[②] 1947年5月15日，3000多名南京学生到教育部请愿，反对饥饿，要求增加伙食费。20日，南京、上海、苏州、杭州地区一共16所学校6000多学生在南京举行联合示威大游行，将反对饥饿和反对内战结合起来。游行学生遭到国民党特务和军警的毒打，这便是“五二〇”血案。消息传到重庆之后，重庆大学和女子师范学院的师生在中共地下党的领导下，立即罢课，用行动支援南京乃至全国反饥饿、反内战的师生们，共同反对国民

---

① 方亭：《反饥饿反内战运动》，《北京党史》，1988年第1期，第6页。

② 刘明钢：《反饥饿、反内战、反迫害运动与解放战争的第二条战线》，《文史春秋》，2012年第7期，第28页。

党的残暴行为。[1] 重庆大学和女子师范学院的党组织还成立了学生联合会，以联合各校响应北平学生倡导的反饥饿、反内战、反迫害的运动。学生的联合，使国民党反动派感到了恐慌。国民党军警和特务从5月31日起，开始对学生进行血腥的镇压。但是白色恐怖并没有吓退广大师生，从6月2日起，一旦有师生被抓捕，学校就无限期罢课，直到被逮捕的学生被释放为止。学生的行动还得到了广大人民群众的支持和帮助，轰轰烈烈的反饥饿、反内战、反迫害运动不断地向前推进。

四川民众争取食米和增加工资的斗争

在重庆民众反饥饿、反内战、反迫害运动热烈开展时，成都民众也展开了激烈的斗争。1948年初，蒋介石为了加强对四川的控制，派王陵基担任四川省主席。同年4月9日，中共地下党决定在成都市发动反饥饿、反内战、反迫害的斗争。9日上午，成都学生们在国民党政府的重重阻挠下示威游行，游行途中，反动军警和特务毒打学生，多人受伤，130多人被捕，这就是成都著名的“四九血案”。得到消息后，各界人士都纷纷表示同情和抗议。最后，在民众的抗议声中，政府被迫承诺从6月份起开始增加工资，发放食米。

1948年8月，国民政府将货币由法币改为金圆券，造成严重的通货膨胀，物价飞涨。到了1949年4月，重庆各校教职工的工资已经到了水都买不起的地步。为了改善生活条件，提高工资待遇，四川其他地方的学校教职工相继罢课，学生们也以绝食的方式来支持老师们的行动。同年4月15日，重庆师生们还成立了“争生存争温饱委员会”来促进运动的进行，反抗国民党

① 马功成：《解放战争时期四川爱国民主运动的高涨》，《历史教学》，1983年第4期，第20页。

反动派的统治。除了教师要求政府增加工资和学生要求政府发放食米以外，四川的工人也同样由于生存受到威胁而要求政府增加工资。愤怒的工人在我党地下工作者的影响下决定进行罢工，最后罢工的浪潮席卷了整个四川的各个行业。但是，和教职工队伍面临的情况一样，国民政府调集了大量的军警到工厂强迫工人复工。最后，重庆工人在1946年3月的罢工运动中死亡2人，被捕7人，工人们被激怒，继而掀起了更大规模的罢工运动。

城市抢米风潮和农民武装起义

民以食为天，城市贫苦人民在无法生存下去的时候，掀起了抢米风潮。1947年5月，重庆一天之内就有300多家粮店被抢。[①] 可是国民党反动派没有看到民不聊生的社会现实和自己统治下的政治经济危机，血腥地镇压和杀害抢米的群众，最后，抢米的风潮进一步蔓延到合川、长寿、内江和江津等地，国民政府的统治危机进一步加深了。人民正常的诉求得不到回应，生存的条件得不到保证的时候，就是人民群众要推翻反动政府的时候。物价上涨，通货膨胀，工资、食米本来就难以获得，国民政府还搜刮余粮，强征壮丁，人民群众已走投无路，纷纷揭竿而起，拿起武器同国民党反动政府进行斗争。[②] 四川是遭受迫害最为严重的地方之一，所以，也是武装起义最激烈的地区之一。1946年5月，在中国共产党的领导下，通江、南江和巴中等地农民群众首先掀起了农民起义，接着，旺苍、广元、苍溪等地也掀起了农民起义，起义群众多达10多万人，后来还不断地增加。川南和川东地区革

① 马功成：《解放战争时期四川爱国民主运动的高涨》，《历史教学》，1983年第4期，第23页。

② 陈其明：《“反饥饿、反迫害、反内战”运动》，《首都师范大学学报》，1980年第1期，第70页。

命斗争也是声势浩大，除了农民群众进行武装起义以外，工人、学生、少数民族同胞，甚至国民政府的官员也纷纷加入起义队伍，国民党的军队也经常出现哗变，所以，国民党政府被全民包围，它的统治已经真正处在了崩溃的边缘。

四川掀起的反饥饿、反内战、反迫害的斗争，标志着国民党统治区爱国民主运动的高涨，是中国共产党领导的正义的斗争。中国共产党和广大人民群众用行动表明，专制、独裁的政府是得不到人民拥护的，只有将人民群众从水深火热中解救出来的政党，才是真正值得信任和拥护的政党。

华蓥山游击队：四川人民的武装起义

“中央要求你们回到各自的家乡去，搞点武装，发动游击战争，与敌人周旋，打烂蒋介石后方的坛坛罐罐！扰乱敌人的后方，牵制敌人打内战的兵力……”[①] 朱德总司令操着一口地道的四川话和曾霖、李维等几个人亲切地交谈着。这是1946年的6月，酷热的夏天马上就要到了，在蒋介石后院搞武装斗争的准备活动也在紧锣密鼓地开展着。在朱总司令的号召下，曾带过兵打过仗的年过半百的曾霖同志揽下重任，回到了重庆。在与四川省委书记吴玉章和后来的中共川东临委书记王璞取得了联系后，曾霖同志进入华蓥山附近开展地下工作，为后来华蓥山武装起义做了充分的准备。

---

① 刘邦成，阚孔壁：《华蓥烽火——华蓥山游击队的故事》，重庆出版社，1985年，第4页。

华蓥山武装起义拉开帷幕

1947年10月，在钱瑛同志“发动游击战争应将工作重点放在农村，并以小型游击队为主”的指示下，中共川东临委成立了，王璞就任临委书记，并决定从这年年底到第二年年初，在上川东和下川东分别开展两场小规模的武装预演。两场预演按计划进行。下川东在彭咏梧、赵维、蒋仁凤等人的领导下，在云阳南溪和巫溪大宁发动起义；上川东的武装斗争则在梁山、达县、大竹发动。两地斗争刚开始都取得了成功，拉开了华蓥山武装起义的帷幕。

由于力量过于悬殊，起义很快遭到镇压，游击队不得不先暂时分散隐蔽。很快，国民党派出了大量的特务对地下党成员进行严密搜捕，重庆地下党的机关刊物《挺进报》被特务破坏。川东临委委员刘国定和重庆市委副书记冉益智被捕后叛变，此后，大批的干部不断被捕，被捕的人员当中又不断有人叛变，重庆乃至整个武装起义地区的地下党和游击队陷入了高度危险之中。面对这种紧急情况，1948年7月，王璞等人在岳池召开上川东各工委紧急会议，决定主动出击，背水一战。1948年秋天，中共川东地下组织在川东华蓥山一带发动大规模的武装起义——华蓥山起义，以“西南民主联军川东纵队”（也称华蓥山游击纵队）为旗帜，进行了大大小小多次武装起义。其中，广安、武胜、岳池、合川、渠县的大规模联合起义最为出名，取得的成效也最为显著。

广安县代市、观阁起义

为传达上川东各工委紧急会议的精神，第七工委委员杨奚勤与曾霖、谈剑啸、杨玉枢等人在广安三溪乡水口村张文翠家召开了三溪会议。会议确定了“先打进广安县城，收缴敌人兵器，扩大武装力量，成立西南民主联军华蓥山游击纵队第五支队，以打游击、建立游击根据地为主”的计划。三溪会议后，华蓥山游击纵队第五支队经过反复讨论，定于8月12日在代市、观阁两地举行暴动。在准备工作按照原计划紧锣密鼓地进行之时，代市镇特支书记丰伟光被伪代市镇长谢相勤逮捕。情况万分危急，一旦丰伟光叛变，起义计划必将暴露，伤亡惨重。面对瞬息万变的形势，游击纵队决定将起义提前两天，打个出其不意。8月10日傍晚，游击队员悄悄潜入代市，秦华和两名队员计划先击毙谢相勤，但是由于子弹射偏，行动失败了，而且打草惊蛇，使敌人有了戒备，游击队不得不撤出代市镇。随后，时任五支队下设代市镇一中队队长的谈剑啸将这个纵队编成了一个大队，准备与观阁起义的队伍会师。但是队伍在转移的过程中遭到了敌人的围追堵截，在没有外援的情况下，只能与敌人不断周旋，以保存力量。

观阁起义的队伍是在代市起义后的第二天发动武装起义的。队伍由当地的武装队员和陈尧楷的游击队员组成。原计划采取“摆武攻的架势，行文攻智取的斗争”的打法，并在起义前与伪镇长金有亮谈判，达成秘密协议，以快速攻占观阁镇公所，提取枪支弹药。但是，在起义中，金有亮在紧要关头背信弃义，不仅没有按计划行动，还组织队伍在大岩寨上向游击队员猛烈开枪射击。游击队员不得不向桂花场撤退，以期与代市起义军会合。

武胜县三溪起义

1948年7月，蒋可然[①]传达了上级将队伍命名为西南民主联军华蓥游击纵队第八支队的指示，并计划在三溪乡黄明桥将队伍隐蔽起来集中整训后攻打

---

① 蒋可然，时任中共川东第八工委负责人。1935年入党，从1939年开始，先后担任过巴县县委书记、梁平大竹中心县委书记、北碚中心县委书记，并负责七八个县的地下工作。1945—1947年与组织失去了联系，直至1947年，经王璞同志努力，恢复组织关系，而后开始从事“三抗”斗争。

三溪、新场两乡，夺取飞龙乡公所的武器，然后再上华蓥山打游击，与大部队会师。不幸的是，7月26日凌晨，蒋可然和蔡依渠等四名领导人被新场乡公所逮捕，虽及时脱险，但由于身份已经败露，只能离开三溪乡，致使起义队伍失去了主要领导人。8月16日，罗禹乔、曹文翰带领一中队的游击队员在新场石乌龟集中进行整编后，去黄明桥与二、三中队会合，由于途中有事耽搁，再加上走了弯路，到达三溪时天已经亮了。因此，曹文翰只能带领起义队伍向三溪乡公所进发。队伍在行进至三溪街时，与三溪乡队副张胜廷带领的敌军相遇。因为寡不敌众，起义队伍在曹文翰的带领下化整为零，在斗争中分散撤退，起义失败。

岳池县伏龙起义

1948年8月20日，杨奚勤与徐庶声等工委负责人在岳池县伏龙乡经过充分的讨论之后，决定通知罗渡、中和等地的武工队到伏龙乡集中，准备起义。次日，姚市桥武工队和中和乡武工队共集结了160多人到达伏龙，与张蜀骏的100多人集中在伏龙乡公所周边，战士们个个精神抖擞，兴奋异常。当晚，第七工委的这支队伍改称为西南民主联军川东纵队第七支队，下设三个中队。22日，第七支队发动了武装起义。“打倒蒋介石”“共产党万岁”的标语贴满了伏龙场，队伍在伏龙粮仓和一些恶霸地主的园中鸣锣，开仓放粮。岳池县县长萧毅安得知这个消息后，立即带领两个警察中队前往华蓥山攻打起义部队，党部书记长陈尔康更是奔赴重庆绥靖公署要求派兵“清剿”。岳池县加强了县警察中队的防卫力量，构筑了县城四周的防御工事。刚被拉到华蓥山的队伍面对如此形势，又迅速决定将部队拉下山，一方面可以与刘石泉的游击队和合川金子乡的起义部队会合，一方面可以摆脱萧毅安和李朝钺队伍朝我宿营地的进攻。部队经伏龙乡、观音桥，在黑耳场水洞湾与刘石泉、赵克家带领的合川肖家、石龙等乡的游击队会师。次日，杨奚勤在准备进攻黑耳场之时，突然察觉敌人已从四面呈包围之势，情况十分不利，进攻被迫变成了突围。在历时4个多小时的战斗后，敌人的队伍终于被打退，但游击队突围的部队也被打散了，杨奚勤更是在突围中壮烈牺牲了。

张蜀骏、伍俊儒、秦耀在会合后，将剩余的队伍分散隐蔽，挑选了20人组成了精干小分队，踏上寻找组织的道路。在与敌人进行了多次斡旋和斗争之后，他们终于在10月底取得了与邻水西区党组织的联系，重回党的怀抱。这次起义先后经过了一年的时间，转战岳池、武胜、华蓥山和渠河，极大地打击了国民党的正规军和地方武装，粉碎了国民党对游击队的“清剿”行动，取得了多次胜利。

武胜、合川起义

1948年7月，西南民主联军川东纵队第四支队成立。在考察了当前形势并做好准备工作后，王璞于8月22日在合川县金子乡将领江边王禄方院子召开了紧急会议，决定于25日在金子、泥溪和武胜真静同时起义。

起义由第四支队开展，支队下又设三个中队，分别由王子云、张伦、楼阁强负责。25日，按照会议决定，一中队攻打真静乡，收缴了乡丁的全部枪支，冲进乡公所插上了游击队的旗帜，并在大街上宣传党的政策，开仓放粮。二中队攻打金子乡更是十分顺利，受到了金子乡人民群众的热烈拥护。三中队攻打泥溪乡，由于乡丁班长李锦云突然变卦，去泥溪乡提取乡公所枪支的计划没能实现。当天下午，三个中队在金子乡二郎庙集中。王璞等人对队伍进行了整编，从1000多人中挑选了400余人进行编队，向武胜进发，沿途将追截的敌人打得溃不成军。百姓们更是端茶送水，慰劳游击队员，队员们深受鼓舞，十分兴奋。

在经历了激烈的黄花岭战斗和三元寨战斗后，游击队虽取得了胜利，但也损失惨重，王璞同志也在混乱中由于一名游击战士的手枪不慎走火而受伤，最后失血而死。因此，队伍只能选择将游击队员暂时分散，转移隐蔽。

渠县龙潭起义

1948年9月，上川东第六工委领导队伍在渠县龙潭发动武装起义，这次起义从9月14日开始集合队伍，到24日起义人员全部撤离，历时共10天，是华蓥山地区联合大起义的最后一次武装起义。这次起义攻打了龙潭乡公所，收缴了全部枪支弹药。在李子垭战斗中，起义队伍英勇奋战，敌人节节败退。但是由于敌人的力量实在过于强大，游击队伍最终只能选择化整为零，分散隐蔽。

华蓥山起义烈士纪念馆

华蓥山地区联合大起义总共有2000余人参加，不仅打击了当地国民党的力量，还惊动了在南京的蒋介石。蒋介石在得知具体情况后，下达了“迅予扑灭”的命令。随后，华蓥山游击队遭到了敌人的集中“围剿”，受到重大损失。但是在众多革命志士的共同努力下，华蓥山游击队不但没有被消灭，还保留了武装力量，在总结经验、改变斗争策略的基础上，一直坚持斗争至西南地区解放。

在烈火中永生：重庆歌乐山下坚贞不屈的烈士们

你肯定听说过重庆歌乐山下的白公馆和渣滓洞。尽管一切都已经被打上了岁月的烙印，血腥的气味已经随着时间逐渐消逝，曾经地狱一般的地方，现在成了供参观和纪念的场所，但当你踏进白公馆、渣滓洞大门的时候，你还是会被五花八门的刑具震撼，烙铁、皮鞭、钢鞭、老虎凳，等等，一个个叫得上叫不上名的刑具令在场的所有人光是看看都毛骨悚然。曾经关押在这里的革命志士在严刑拷打中，在血与泪的折磨中，坚守住了他们的信念。他们身受重伤甚至牺牲，用他们的傲骨守住了组织的秘密，用不畏生死、坚贞不屈的精神捍卫了革命的胜利。

中美合作所

1943年7月4日，在美国的积极要求下，中美双方成立了“中美合作所”，由戴笠任主任，梅乐斯[①]任副主任，下设军事作战组、情报组、气象

① 梅乐斯，美国海军情报军官，毕业于美国海军学院，在获得哥伦比亚大学机电硕士学位后，入海军服役。

组等。此外，还成立了重庆特警，这个组织由戴笠直接领导，管理权和统治权归军统所有，以审讯、侦查、化装、使用武器等为主要训练项目，装配了不远万里从美国运来的特殊刑具、武器以及测谎仪等设备。在抗日战争结束后，这个组织培养出来的人员成为保密局特务机关中最“得力”的，他们逮捕了一批又一批的中共党员和革命人士，用惨绝人寰的酷刑将其折磨致死，罪行滔滔，罄竹难书。

中美合作所的“特区”选址在重庆西北郊的歌乐山下，占地300多公顷，周围修筑了城墙、碉堡，布满了电网、警卫和岗哨，封锁严密，仿佛暗无天日的地狱一般。在合作所里，有大小监狱20余所，众所周知的“两口活棺材”白公馆、渣滓洞就在这里。

白公馆

“洛社风光闲处适，巴江云树望中收”，这是白公馆门口的石刻对联。这副对联让人联想到山间别墅的悠闲与安逸，谁曾想它竟成了阴森凄厉、与世隔绝的囚笼。

1939年，军统为躲避日军空袭，将磁器口、五灵观、缫丝厂一带的民房全部强占，赶走了居民，将原是四川小军阀白驹在郊外的“香山别墅”改成了看守所。1948年后，这里关押了相当数量的革命人士和共产党员，最多时有200多人。根据不同的情况，“犯人”中有些被秘密杀害，有些被公开枪杀，除了军统内部的违纪人员，获释的少之又少。在白公馆里的一间终日不见阳光的地牢里，先后囚禁了众多的革命人士，如共产党员宋绮云、徐林侠夫妇，青委委员许晓轩，市委工运负责人许建业，《挺进报》特支书记陈然，学运特支书记刘国志，工委委员王朴，抗日将领黄显声，同济大学校长周均时等。

渣滓洞

渣滓洞，原本是一个小煤窑，因为煤渣多而得名。渣滓洞从1939年开始关押“犯人”，到1947年10月，关押人数达到顶峰，其中有遭到国民党特务逮捕的中共地下党员李子伯、何雪松等，华蓥山武装起义中的蒋可然、陈以文等，川西、川东的革命人士等；后期关押了四川省委书记罗世文、川西特委军委委员车耀先，女共产党员江竹筠、胡其芬、杨汉秀，等等。渣滓洞比白公馆大两三倍，经常关着两三百人，最多时达到了300余人。

白公馆和渣滓洞这“两口活棺材”中，由于关押的人太多，有时候每个人只能占上一脚半宽的地面睡觉，吃上两餐发霉的米饭。低矮的牢房压抑着人们的神经，“两个天窗出气，一扇风门伸头”，监牢里沉闷不堪。但即便是呼吸一口新鲜的空气都成为一种奢侈的时候，革命志士们也没有向敌人低下他们高贵的头颅。他们坚守着革命的信念，愿意为了信仰和国家而牺牲自己。他们咬紧牙关，经受着种种酷刑，乃至献出自己的生命。

惨绝人寰的大屠杀

1949年，国民党反动派走向穷途末路，被逼到绝路的反动派开始疯狂屠杀革命党人。8月，蒋介石与毛人凤一同来到重庆，命令特务机关开始清理积案，并布置了大屠杀的计划，以分批杀害、秘密杀害、集体杀害为特别指示。9月6日，在松林坡戴笠的会客厅，杨进兴、熊祥等特务秘密杀害了杨虎城和他的儿子杨拯中，而后又在警卫室杀害了共产党员宋绮云、徐林侠一家和杨虎城的女儿杨拯贵；10月28日，在大坪又杀害了陈然、王朴等10余人；11月14日，在中美合作所电台秘密杀害了江竹筠、蒋可然等30余人。11月下旬，随着人民解放军挺进大西南的进程加快，敌人对白公馆开始了大规模的分批屠杀，以黄显声将军和李英毅副官在步云桥附近被杀为开端，一批又一批的革命人士被残忍杀害。

由于看守杨钦典长时间受到狱中革命人士的教育，逐渐被感染并转而同情他们，在负责人和警卫都撤走后，杨钦典出手相救，最终在另一名看守李育生的协助下，救出了罗广斌、毛晓初、郑业瑞、周居正、段文明、贺奉初、江载黎、李自立、李荫枫、秦世楷、杜文博、杨其昌、周绍轩、尹子勤、王国源、任可风、郭德贤及小波、小可两个小孩，使他们免遭屠杀。[①]加上身中三枪还未死亡，从尸坑中爬出来的谭模，白公馆的革命志士中共20人幸存。

在白公馆大屠杀之后，敌人又开始了在渣滓洞的屠杀。他们将男犯集中在楼下的一至七号牢房，女犯集中在八号牢房，随后用机枪对着牢房进行疯狂的扫射，在扫射之后又对倒下的人们挨个补枪，最后在撤离时放火烧了监狱。渣滓洞监牢中的200余人，最终只有15个人生还。

在烈火中永生的革命烈士

在白公馆、渣滓洞被杀害的人中，除了许多坚韧不屈的男性革命志士，还有妇女和儿童，他们都为革命的胜利做出了不可磨灭的贡献。其中，“小萝卜头”宋振中最为典型，他是宋绮云和徐林侠的孩子。宋、徐夫妇都是优秀的共产党员。宋绮云由于在西安事变中协助杨虎城做了大量的工作，并利用《西北文化日报》大力宣传报道西安事变的真相，所以遭到了蒋介石的仇恨。宋振中的大姐和二姐都是母亲徐林侠在苏州监狱时生的。宋振中8个月时，父母又被敌人逮捕，他就由母亲抱着进了监狱。一家三口先后从

① 中共重庆市委党史工作委员会：《歌乐忠魂——中美合作所集中营里的斗争》，重庆党史研究资料丛书，1984年，第26页。

渣滓洞监狱旧址

西安转移到重庆，又从重庆转移到贵阳，最后被骗回重庆杀害，中间经历了种种的虐待。宋振中吃着霉米饭，挨着蚊虫叮咬长大，5岁后就再也没有见到过自己的父亲。转移到白公馆关押之后，沉闷得令人窒息的监狱让“小萝卜头”愈发向往自由，哪怕看看花草，看看天空，他都觉得十分欢喜。到了读书的年龄后，他的父亲多次和特务看守交涉，终于使看守同意让罗世文、黄显声等狱友教他识字、算术。宋振中十分聪颖，很短的时间内就可以用简短的俄语同黄显声将军对话。此外，他利用自己年纪小，特务看守不严的优势，经常楼上楼下地自由活动，帮狱友送信、放哨。他还格外关心周围的狱友，尤其是刚入狱的、受伤的狱友。狱友们十分喜欢他。他爱憎分明，对于那些用糖果哄逗他的特务，都是横眉冷对，嗤之以鼻，绝不会给他们好脸色。

1949年9月6日，杨虎城及其儿女、宋绮云一家三口共6人，被特务从贵阳骗至重庆，在松林坡戴笠的会客室和警卫室被杀害。特务将他们的尸体就地掩埋，直至新中国成立后，他们才在陕西长安县得到安葬。

此外，还有众多的革命烈士，如陈然、许晓轩、李青林、蓝蒂裕、余祖胜等，他们都是中华的好儿女，都是中国人民的骄傲。还有很多人至死都没有留下真实姓名，但是他们的英雄事迹，他们为了革命的胜利和心中的信念所做出的牺牲，我们永远不会忘记。

解放大西南

解放战争进入战略决战阶段后，仅用了142天，就取得了辽沈、淮海、平津三大战役的胜利，歼灭敌人150万人以上，国民党精锐部队几乎全军覆没，军事力量完全崩溃。和平谈判破裂后，中国人民革命军事委员会主席毛泽东和解放军总司令朱德发出向全国进军的命令。随后，代总统李宗仁飞至广州，与白崇禧组织华南防线，解放军第二、三野战军发动了渡江战役。在随后的4个月中，解放军奋勇作战，先后解放了南京、杭州、南昌、上海、武汉三镇、太原、青岛、西安、兰州及长沙、广州等地。国民政府被迫西迁重庆，在西南地区继续顽抗。

运筹帷幄，解放重庆

在西南地区，国民党反动派还有10个兵团、39个军和一些地方部队，共计90万人。敌军借助崇山峻岭的优势地位，扼守秦岭天险，并与西康、云南、贵州三省组成大西南防线，妄图盘踞在四川，以争取帝国主义的援助，待时机成熟再一举“收复失地”，东山再起。

面对敌人的军事部署，中央军委和毛泽东主席早就有了“运筹帷幄、决胜千里”的战略安排。川陕地区曾是共产党的革命根据地，毛泽东同志对这个地区可谓是熟悉得就像自己家一样。

1949年7月，毛泽东同志决定命令刘伯承司令员、邓小平政委率领第二野战军主力进军西南；第一野战军司令员贺龙率华北十八兵团和第一野战军的部分部队由甘陕南下，协同第二野战军作战；第二野战军第四兵团协同第四野战军，由武汉南下，在解放两广后，西进昆明，解放全滇。三个方向的部队相互协同，从南线进军断其后路，一举消灭胡宗南的军队和川康敌人。为了不让蒋介石过早发现我军攻打四川的意图，我军在进攻过程中大摆迷魂阵，声东击西，出其不意，北攻、南进、东击，轮番上阵，使敌人摸不清我军的真实意图。我军在形成合围之势后，采用“关门打狗”的战术，将几十万敌军包围在四川境内。第二野战军主力在刘、邓的指挥下，在11月集结在鄂湘黔地区，以雷霆之势拉开了向大西南进军的序幕。二野的五兵团和三兵团一部向黔东发起进攻，并迅速突破了敌人的防线。同月15日，五兵团的十六军先后攻克了贵阳及石阡、思南等重要据点，拦腰折断了国民党军队的“大西南防线”。

同时，二野第三兵团主力和四野一部兵分两路，向宋希濂集团进行双面夹击，仅仅两日，就突破了敌军的防线，攻占了秀山、恩施等地，在咸丰全歼宋希濂集团七十九军的5个师。我军五兵团主力一部在攻克了贵阳之后，一路北上入川，相继攻克江安、泸州、宜宾各地，彻底切断了敌人撤退之路。27日，三兵团主力向川南推进，攻克了江津等地，扫除了重庆以南的外围防线。五十军在攻克彭水、石柱后又渡长江西进，一举解放了垫江，很快就对重庆形成了合围之势。11月30日，重庆解放，五星红旗在人民的欢呼雀跃中冉冉升起。

蒋介石逃跑，巴蜀大地解放

12月，云南、西康各省纷纷起义，放弃了内战立场，投向了人民的怀抱。蒋介石彻底失去了翻盘的机会，将西南大权交予胡宗南，在12月10日，带领其亲信和顾问乘飞机逃往台湾，结束了他在西南地区建立反共基地的美梦。很快，高喊着“团结一致，抵抗到底”口号的胡宗南也丢下了他的部下，独自乘飞机逃跑了。失去了总指挥的国民党军队仿佛一盘散沙，起义将领越来越多。然而，接掌总指挥权的十五兵团司令官李文仍执迷不悟，欲率兵突围。我军对突围部队予以迎头痛击，最终，李文在自知无力回天的情况下，率残部向我军投降。随后，各残余部队纷纷投降，接受了解放军的收编。我军各线部队火速扫清了逃跑的残余部队，于1949年12月27日解放成都，一野、二野两支大军于成都郊外顺利会师。

1950年3月中旬，人民解放军第四兵团十四军、十五军，贵滇黔边纵和六十二军的主力发起了西昌战役，他们南北夹击，协同作战，于4月全歼胡宗南和贺国光的残余部队数万人，消灭了国民党军队在西南地区的最后残余，彻底结束了蒋家王朝在大陆的统治。至此，巴蜀大地全部解放。

西南军政委员会成立

由于国民党反动派长期的黑暗统治，西南地区人民生活苦不堪言，民不聊生，百业萧条，物价飞涨，大批工人失业，农村交通闭塞，生产力水平低下，土地集中在地主手中，农民生活困难。帝国主义又对新中国采取政治上不承认、经济上封锁、军事上包围的政策，再加上西南残留了众多的土匪和特务，反革命活动猖獗，严重扰乱了社会秩序，新中国成立初期的西南情况不容乐观。

1949年12月8日，刘伯承、邓小平、李达率第二野战军领导机关进驻重庆，以刘伯承为军政委员会主席，开始着手成立西南军政委员会的筹备工作。在此期间，暂时以军政委员会主席刘伯承的名义向全区发布命令。很快，以剿匪、征粮、生产、恢复和发展工商业、救济失业为主要内容的指示得以贯彻落实，西南地区的局势逐步稳定。

1950年6月28日，贺龙、邓小平、熊克武、龙云、刘文辉、王维舟被任命为西南军政委员会副主席。7月27日，针对西南地区的具体情况，西南军政委员会第一次全体会议召开，正式宣布西南军政委员会成立。在这次会议中，作为委员会副主席的邓小平对各项工作进行了部署和安排，其基本精神是“团结自己、战胜敌人”。其次，邓小平指出要分清敌我，认清谁是朋友，谁是敌人。他对朋友进行了界定：“朋友就是工人阶级、农民阶级、小资产阶级、民族资产阶级、少数民族、海外华侨和其他爱国分子”，并强调了我们要坚决地团结朋友。[①] 接着，他在报告中对解放西藏和实行反霸、减租、退押来减轻人民的痛苦，都提出了切实可行的对策，并对恢复经济、稳定物价、调整工商业、救济灾民以及开展文化教育工作提出了具体的办法和措施，要求所有人务必落实好这些政策，加强团结，战胜敌人。最后，邓小平表示要坚决地赶走侵略西藏和台湾的英美帝国主义，肃清国民党遗留的土匪特务，将西南地区的人民从压迫中解放出来。会议过后，西南军政委员会在中央的统一领导下，在整个西南地区贯彻中央的各项政策，推进人民民主政权的建设，并推动各种社会改革运动，恢复了西南地区的经济，稳定了社会秩序，为西南地区加快社会主义建设创造了条件。

西南地区的稳定和发展，与邓小平的努力是分不开的。西南地区在解放之初，千疮百孔，满目疮痍，以邓小平为主的西南局根据具体情况，创造性地提出了一系列符合西南地区实际的方针和政策。比如将稳定物价放在第一位，以整顿金融秩序为突破口，将恢复生产和发展经济作为首要任务。从1949年11月到1952年7月，邓小平担任西南局第一书记、西南军区政治委员、西南军政委员会副主席、西南财政经济委员会主任等职务。在主政

① 中共中央文献研究室，中共重庆市委：《邓小平西南工作文集》，中央文献出版社，重庆出版社，2006年，第216页。

大西南的2年零8个月里，邓小平在经济、政治、文化等方面制定的方针和政策在实践中得到了成功的运用，极大地促进了西南地区的经济建设，巩固了西南地区新生的人民民主政权，推进了西南地区文化事业的发展和繁荣。整个西南地区呈现出一派欣欣向荣之势，为社会主义的革命和建设铺平了道路。

第五章

社会主义革命和建设时期

四川革命读本

1949年，中国共产党领导全国各族人民经过艰苦卓绝的斗争，取得了新民主主义革命的伟大胜利，建立了中华人民共和国。中国共产党作为执政党，在同各民主党派进行合作协商的基础上，开始进行社会主义革命和经济建设、政治建设、文化建设的探索与创造，使中国由新民主主义过渡到了社会主义。在1949—1966年的社会主义革命和建设时期，我国在经济、政治、文化、教育、科学技术、外交、军事等各个领域，取得了举世瞩目的成就。其间经历了一些挫折和磨难，但是，不论是成功的经验还是失败的教训，都是我国在建设中宝贵的财富。

新中国成立后，四川人民在党的领导下，积极投身社会主义革命和建设事业，致力于为中华民族的伟大复兴奉献力量。在这一时期，四川人民立下了很多令世人瞩目的历史性功绩，也涌现出了一大批优秀的英雄儿女。1950年，川东、川南、川西、川北及西康各地剿匪行动全面展开，成为西南剿匪的重要战场，很多剿匪的成功经验被其他地区所借鉴，为捍卫新生政权，维护社会稳定做出了重要贡献。同年，朝鲜内战爆发，美国无视中国多次的警告，帮助南朝鲜将战火烧到了鸭绿江。为帮助邻国与保障我国边境安全，中国人民志愿军与朝鲜人民军一道进行了抗美援朝战争，并取得了胜利。志愿军中有无数的川籍英雄儿女，为了保家卫国牺牲了自己年轻的生命，有用胸膛抵住敌人炮火的黄继光，有为不被敌人发现活活被烈火烧死的邱少云，有与士兵同甘共苦的赵兴玉，等等。新中国第一条自己修建的铁路——成渝铁路顺利通车，中国铁路建设开启了新篇章；少数民族地区民主改革的顺利完成，为西藏的改革提供了样板；60年代，四川人民在“三线建设”的过程中，建设了重庆常规兵器工业基地、攀钢和成昆铁路，建立了现代化工业的基础；1969年迁入四川的九院承担了重要的研造任务，以九院院长邓稼先为首的很多“两弹元勋”都曾在九院工作，为中国国防事业的建设和“两弹一星”的研造做出了巨大的贡献。

在社会主义革命和建设时期，四川省在中央的号召下，积极开展各项工作，四川英雄儿女也积极投身新中国的革命和建设工作，为西南地区的稳定和发展做出了杰出贡献，对国家经济建设、民主政治建设以及国防建设起到了巨大的促进作用。他们的英雄事迹被世代传颂，他们的名字永远刻在我们心中，永垂不朽。

清匪反霸：川东、川南、川西、川北及西康各地全面剿匪

清匪反霸迫在眉睫

1950年2月初，刚解放的成都，一片祥和。谁又能料想，就在这样一个风平浪静的地方竟发生了一桩令人发指的惨案。5日，中国人民解放军第

一七八师政治部主任朱向璃及一个警卫班在离成都只有十公里的龙潭寺被一群土匪袭击，9人被俘。该师的一个营在展开营救的过程中，遭到了上万土匪的围攻。最后邓世君参谋长带领两个团，经过激烈的斗争，用炮轰才打散了满山的土匪。不幸的是，包括朱向璃在内的9个人都已经被匪徒用极其残忍的手段杀害了。看着他们的尸体，在场的每一名解放军都震惊、悲愤到了极点。整个2月，成都被这股恐怖的阴霾笼罩着，人民被压抑得喘不过气来。但是土匪们的行动并未终止，反而愈演愈烈。他们破坏公路、桥梁，煽动群众，围攻征粮机构，哄抢粮库，杀害征粮干部……暴匪活动波及全国各地。

西南剿匪的全面开展

西南地区崇山峻岭连绵不断，原始森林密布其间，奇异山洞错综复杂，为土匪“占山为王”提供了天然的保护屏障。这些土匪长期盘踞此处，打家劫舍，横行霸道。国民党在统治结束之前，又有计划地在云、贵、川、康四省建立了15个“游击区”，将整个大西南搅得乌烟瘴气，不得安宁。西南地区人民生命安全无法得到保障，必须尽快消灭这些土匪。

为巩固边陲，人民解放军决定向西南大发兵，歼灭顽匪，彻底解决由来已久的匪患。在以邓小平为首的西南局的领导下，剿匪斗争由西南军区统一部署展开。邓小平指出：剿匪已成为西南地区的中心任务，不剿灭土匪，一切无从着手，剿匪工作应坚决贯彻“军事打击，政治瓦解，发动群众”三者相结合的方针和“首恶者必办，胁从者不问，立功者受奖”的政策；同时，要加强对各主要交通干线的守备，采取分段包干的办法，集中兵力歼灭平原富庶地区的大股土匪，逐步向边沿山区扩展；迅速净化四川腹地，以保春耕生产，不误农时。1950年2月15日，西南军区发出剿匪命令，要求各参战部队“克服任何困难与一切怕疲劳的情绪，来进行这一艰苦复杂的斗争”[①]。1951年2月22日，毛泽东亲自起草了一份电报，向全国各地的党委、军区下达向匪首、恶霸、特务开战的命令。

川东、川南、川西、川北及西康各地全面剿匪

在西南清匪反霸的过程中，川东、川南、川西、川北及西康各地积极响应西南剿匪的命令，在各地行署和军区的指挥下开展全面的剿匪工作，成为西南剿匪的重要战场，促进了西南剿匪工作的顺利完成。

川东剿匪

王近山指挥川东军区部队首先集中主力，对交通要道和产粮富庶的璧山、涪陵两个地区施行重点清剿。1950年2月，川东军区十二军直属部队及所属两个团对流窜在璧山、永川、荣昌三角地带的股匪予以全歼；4月，川东军区又以“铁壁合围”的战术对涪陵、南川、巴县三角地带的7000余名土匪进行了歼灭。[②]接着又对武隆、彭水以南地区和贵州桐梓山进行了重点清剿，在黔江、彭水、荣昌、永川、泸州等地组织了会剿。9月以后，川东部队主力转向黔东北地区，在各分区部队和人民武装的配合下，先后对川黔边区的道真、正安、务川、德江、沿河和印江、思南、江口、铜仁、松桃及梵净山进行了重点清剿和会剿，歼灭“黔东北人民自卫军”“川黔湘鄂人民自卫军”和“西南剿共总指挥部”等股匪3.2万余人。在追剿作战中，由于粮食物资供应困难，士兵们经常吃不饱饭，穿不上舒适的衣物、鞋袜，但是他

① 中国人民解放军历史资料丛书编审委员会：《剿匪斗争·西南地区》，解放军出版社，2002年，第90页。

② 唐涛：《清缴匪特》，远方出版社，2005年，第87页。

们不怕苦、不怕累，没有鞋就用草捆脚或干脆赤足跋山涉水。部队克服了种种困难，在各族人民的帮助下，到1950年底，共歼灭匪特19.3万余人，基本肃清川东股匪。

川南剿匪

川南剿匪由区党委、川南行署和川南军区联合进行。1950年3月初，川南匪患达到猖獗的顶峰，剿匪工作开展十分艰难。因此，区党委和川南军区联合发布《关于目前剿匪工作的指示》，提出："各地暂时放弃一些匪情最重，一时尚无力量打开局面的县城，收缩力量，备守腹心地区。集中部队主力，重点进剿长江以北产粮富庶区及交通要道两侧之股匪。"根据指示，军区开始集中兵力对兜子山、螺观山、古楼山和桐子林、马边股匪展开重点清剿。5月开始，剿匪工作采取"以集中对集中""以分散对分散""以伪装对伪装"的手段，初步对净化区进行清剿。到7月底，长江以北地区的股匪大部分被歼灭。面对大好形势，我军决定打一场"不打则已，一打全歼灭之"的歼灭战，全面开展清匪、捕捉匪首运动。到12月底，川南地区共歼灭股匪29.3万余人，捕获并处决川南巨匪陈超、杨晤侬、欧阳大光、陈明、田动云五人。

川西剿匪

贺龙领导的川西军区提出了"先腹心区后边沿区，先交通要道后两侧乡村，先股匪后散匪"的剿匪步骤，集中8个团兵力，迅速消灭温江、眉山两地区的股匪，确保了成都中心区的安全。[①] 1950年4月间，镇压了龙潭寺、石板滩地区的两起大规模匪患，歼灭匪徒1.9万余人。随后，又对邛崃、大邑、总

① 唐涛：《清缴匪特》，远方出版社，2005年，第87页。

岗山区和双流地区股匪组织多次围剿作战，至7月底，共歼灭股匪5万余人。8月以后，川西剿匪部队转向汶（川）灌（县）彭（县）边和川康边的羊儿岗、天台山以及懋功、抚边、绥靖（今丹巴）地区，配合西康军区部队进行清剿，歼灭股匪2.6万余人。到12月底，川西军区全年共歼股匪8.3万余人，消灭了川西腹地大部分土匪势力。1951年2月15日，川西剿匪受到了毛泽东的充分肯定，他指出：西南的经验，县区乡均建立有党外民主人士参加的剿匪委员会，保有清剿小组，区有捕捉队，此外尚有情报站与检查站的组织；再则清匪必须与反霸、减租、退押或土改结合进行，必须杀掉罪大恶极的首恶分子；必须由党委统一领导，全力以赴，才能发动群众，根绝匪祸。为贯彻毛泽东的指示，西南军区于3月15日发出指示，要求全区认真学习和推广川西军区经验。

川北剿匪

川北军区剿匪部队在3月、4月歼灭股匪9305人，基本平息川北腹地的匪乱，但北部地区的匪情仍较严重。5月以后，川北军区采用分区包干清剿的办法，经过3个月积极作战，歼灭股匪1万余人。到1950年底，川北大股土匪被基本剿灭，共歼灭匪特8万余人。

西康剿匪

西康军区部队在剿匪行动中前后共发起了8次大的剿匪行动。1950年2月的雅安剿匪中，人民解放军一举歼灭了雅安以罗子洲为匪首的土匪和保安团的部队。2月中旬，天全剿匪，解放军1个连在兵力悬殊又无外援的情况下毙伤匪徒300余人，俘虏100余人，成功守住了天全县城。6月上旬的越西、汉源剿匪先后击毙“反共救国军”西康先遣队匪首杨德清、张金波等，俘虏匪首古成斋以下匪众600余人，歼灭土匪1000余人。9月24日，在天台山彻底剿灭“川康挺进军”第二路、第三路两支股匪，后又在羊儿岗歼灭“川康挺进军”第一纵队1300余人。各清剿部队在少数民族地区执行任务时，采用分区包干办法清剿，认真执行党的民族政策，严明纪律，不仅剿灭股匪1.5万余人，还赢得了各族人民的拥护和爱戴。

四川清匪反霸工作成了典范

川东、川南、川西、川北及西康各地全面剿匪为全国其他地区的清匪反霸工作提供了成功的经验，为全国清匪反霸工作做出了突出的贡献，为巩固新生政权和保障人民的生命财产安全起到了积极的促进作用。

西南地区的剿匪斗争历时两年半，至1952年秋结束时，累计歼灭土匪116万人。在这场斗争中，邓小平同志和刘伯承、贺龙、张际春等领导西南军民粉碎了蒋介石妄图建立“西南游击根据地”的美梦，使得祖国的大西南和全国一道顺利进入了社会主义革命和建设时期。

英雄儿女：抗美援朝战争中的川籍志愿军战士

“现在不是我们要不要打的问题，而是敌人逼着我们非打不可。我们的自卫是正义的，正义的战争最后一定会胜利的，”周恩来平复了一下激动的情绪，继续说道，“现在朝鲜政府一再要求我们出兵援助，我们怎能见死不救呢？党中央、毛主席决心已定，因此现在不能考虑出不出兵的问题，而是考虑出兵后如何去争取胜利的问题。”① 这是1950年10月6日，朝鲜内战爆发4个月

① 中共中央文献研究室：《周恩来年谱》（上卷），中央文献出版社，1997年，第84页。

后，面对美帝国主义的一再入侵，周恩来在党政军高级干部会议上讲的话。

唇齿相依，安危与共

1950年6月，朝鲜爆发内战。战争打响后，美国迅速集结了15个国家的军队，打着联合国的旗号，对朝鲜民主主义人民共和国发动了侵略战争。由于美国纠集的“联合国军”实力强大，而朝鲜政府准备不足，朝鲜人民军虽连续发动了4次战役，迅速将战线推进至洛东江西岸地区，但也在8月陷入了与敌军的胶着状态。9月15日，美军在仁川登陆，南朝鲜军与美军一起联合开展战略反攻，朝鲜战局很快陷入了极其危险的境况之中。朝鲜的战火不断向三八线以北进一步扩大，而三八线正是中国政府决定最后出兵的底线。在此期间，中国一再向联合国发表声明，斥责美国毫无法律依据的侵略行为，美国当局却一再无视中国为制止战争扩大而做出的努力。10月7日，美军跨越三八线，将战火烧到了鸭绿江边。中国与朝鲜相邻，两国唇齿相依，安危与共。面对朝鲜政府的再三请求，中国在慎重考虑并与苏联商议之后，毅然决然地选择了出兵。

10月18日21时，毛泽东正式下达命令：“四个军及三个炮师决定按预定计划进入朝北作战，自明十九日晚从安东和辑安线开始渡鸭绿江。为严格保守秘密，渡河部队每日黄昏开始至翌晨四时即停止，五时以前隐藏完毕并须切实检查。”① 此外，毛泽东还派遣了他的长子毛岸英随彭德怀一并入朝作战。从第二天晚上开始，中国人民志愿军雄赳赳、气昂昂，义无反顾地跨过了鸭绿江，以人道主义的精神来帮助朝鲜，保家卫国，与朝鲜人民军一道痛击侵略者，保卫朝鲜的主权与和平。25日，在朝鲜北部的温井附近，志愿军

---

① 中共中央文献研究室：《建国以来毛泽东军事文稿》（上卷），中央文献出版社，2010年，第266页。

首战告捷，揭开了中国人民志愿军抗美援朝的序幕。

从1950年6月25日朝鲜内战爆发到10月19日中国人民志愿军入朝作战，中国一直高度关注朝鲜内战的局势，并根据当时形势对军队部署进行不断的调整。抗美援朝的决策过程共经历了“备而不用”“立足于帮”“我们要管”和“一波三折”四个阶段。[①]

浴血奋战，英勇杀敌

中国人民志愿军与朝鲜人民军队浴血奋战，面对强大的侵略者，他们没有退缩，没有放弃，在历经了两年零九个月的艰苦卓绝的斗争后，终于打败了美国侵略者，保卫了中朝两国的安全。1953年7月27日，朝鲜停战协定签订，抗美援朝战争就此结束。在整个朝鲜战争中，中国人民志愿军全力以赴，满怀正义与激情，向世界人民传达了中朝两国人民与军队的英雄气概，用辉煌的胜利向世界人民宣告：正义的战争必然会取得胜利，一切侵略者都是可以打败的。

在抗美援朝战争中，中国人民志愿军起到了十分重要的作用。战士们奋勇向前、不畏牺牲的精神令世界人民称赞。战争中涌现出了一大批英勇的战士，他们在战争中光荣牺牲了，但他们的事迹、他们的精神与世长存，永垂不朽。

我们的骄傲：川籍英雄儿女

中国人民志愿军由全国各地的英雄儿女组成，其中不乏许多四川籍的志愿军战士，他们的名字和事迹被广为传颂。

---

① 李捷：《对抗美援朝决策过程阶段特性的几点分析》，《中共党史研究》，2010年第12期。

特级英雄——黄继光

黄继光同志是四川省中江县石马乡人。在抗美援朝战争的前线，黄继光所在的营部在攻占597.9高地之时，敌人的中心火力点一直威胁着进攻部队。指挥员派出士兵进行爆破，几次都没有成功。在万分焦灼、情况紧急的时刻，黄继光同志挺身而出，义无反顾地接下了这项注定有去无回的爆破任务。凭着战友的火力掩护，他和两名战士冲向火力点，他的左肩和左臂先后中弹，胸膛也连中五发子弹。剧烈的疼痛使他无法继续站立，他一点一点地爬向敌人的碉堡附近，拼尽全身的力气，将手雷扔进了敌人的碉堡之中，炸毁了敌堡大部，而他也被巨大的爆炸声震得昏迷了过去。再次醒来时，残敌的机枪还在疯狂地扫射，我们的反击部队还在火力的压制之下，无法向前推进。此时的黄继光手中没有一件武器，他所拥有的只剩下那已经负伤累累的身体和对祖国的无限忠诚。看着一个个倒下的战友，他知道，是时候为他的弟兄们做奉献了。他用强大的意志力撑起已经中了七枪的身体，冲向了敌人的火力点，用他的胸膛堵住了敌人的枪口，为我军占领阵地赢得了时机。很快，我军的反击部队占领了阵地，取得了胜利。

伟大的战士——邱少云

邱少云同志是四川省铜梁县（今属重庆市）关溅乡人。在抗美援朝战争前线，为了摧毁“联合国军”在朝鲜金化以西伸向我军阵地的391高地，邱少云同志和他的战友们奉命在距离敌人阵地仅有60米的一片茅草区执行潜伏任务，以期缩短进攻距离，便于在第二天傍晚突然发起进攻，将敌人迅速消灭。不幸的是，第二天正午，美军开始盲目向山坡之中发射燃烧弹，其中一枚恰巧落在了邱少云的身边，并烧着了插在他身上的野草。为了不被山顶的敌人发觉，为了保护其他的战友，为了原定计划能顺利完成，他趴在原地一动不动，任由大火一点一点将他吞噬。他的身体紧紧地贴在地面，咬着牙忍受着这常人难以忍受的痛苦。一直到牺牲，他都没有发出一声嘶喊，更是一动也没有动过。他用生命实践了他在入党申请书中所写的钢铁誓言："为了世界革命、为了战斗的胜利，我愿意献出自己的一切。"下午5：30，潜伏的战士们从草丛中发起了猛烈的进攻，满怀着怒火越过战壕，冲向敌人阵地，在枪林弹雨中炸毁了敌人的地堡，迅速占领了敌人的阵地，取得了战斗的胜利。

与士兵同甘共苦——赵兴玉

赵兴玉，四川省达县石岗岭村人，1916年生，1933年在达县参加革命，1937年12月在山西省入党，是一名优秀的共产党员。赵兴玉历任县大队队长、营长，六十六军五八八团副团长、团长。在抗美援朝的战争中，他身先士卒，带领着队伍奋勇杀敌，顽强拼搏。1951年1月，赵兴玉壮烈牺牲在了前线战场，他也是第一位被安葬在沈阳抗美援朝烈士陵园的烈士。

烈士陵园的烈士们，永垂不朽

在抗美援朝战争中，还有很多川籍的英雄儿女为了正义牺牲了自己宝贵的生命。他们的名字和事迹，我们定会时刻铭记在心。他们不愧为红色革命老区的儿女，他们是四川人民的骄傲，更是国家的骄傲。他们崇高的爱国主义、国际主义和革命英雄主义精神，战无不胜、攻无不克的气概，永远留在四川人民心中，永远在中华大地上流传。

成渝铁路：新中国的第一条铁路

四川省自古就有“天府之国”之称，是整个西南地区重要的省份。而成都和重庆在当时作为四川最重要的两个城市，交通里程500公里左右，沿途多为壮丽的山川沟壑和无数大小不一的盆地，盆地与崇山峻岭相互环绕，森林密布，树种以楠木和香樟居多。四川省山河秀美，物产富饶，到了深秋季节更是风景如画，硕果累累。新中国成立初期，成都周边每年光柑橘产量就在1.6亿多枚，水稻、小麦、玉米、糖、酒精、桐油、棉花、烟叶等也产量丰富。但是由于国民党多年的黑暗统治和交通的阻隔，如此丰富的物产不能畅销至全国各地。在没有铁路之时，1吨货物用汽车从成都运往重庆，每公里就要花费2800元运费。一个人从成都步行到重庆，要整整10天。要想改变这种状况，就必须要修建成渝铁路。为此，四川人民怀着迫切的心情，做着不懈的努力。

但是，无论是在清朝，还是在国民党反动派的黑暗统治下，四川人民修建成渝铁路的愿望都没有实现，甚至连一条钢轨都没有铺上。

开路先锋

1949年，新中国成立，西南地区刚刚解放，满目疮痍，百废待兴。就在建设工作一筹莫展之际，中共中央西南局召开了西南委员会会议，时任西南局第一书记的邓小平同志传达了中共中央和毛主席对西南人民渴望了47年的成渝铁路的关注。经各委员反复讨论后，做出了重大的决策：“以修建成渝铁路为先行，带动百业发展，帮助四川恢复经济。”[①] 与此同时，派出了许多勘探队对铁路沿线进行勘察，以制订周密的铁路修建计划。在中央人民政府的批准下，西南地区的党政军民领导机关联合组成了西南铁路工程委员会，在充分讨论后，最终决定用两年的时间修建完成总长505公里的铁路，并初步预设第一年将铁路从重庆修至朱杨溪，第二年再修至成都。中国人民解放军本着全心全意为人民服务的宗旨，决心要为四川人民修好铁路，当好人民的勤务员。

1950年6月15日，在成都西南军区的操场上，举行了成渝铁路开工典礼，邓小平莅临致辞，为这场新的战斗召开动员大会，鼓动人民解放军积极参加。贺龙亲手将一面绣有“开路先锋”的锦旗授予筑路大军。[②] 在“坚决响应毛主席的号召，积极参加祖国的经济建设”的口号下，战士们斗志昂扬，携带着工具高歌前进，揭开了修筑成渝铁路的序幕。

人民自己的铁路自己修

在建设铁路的初期，两万名解放军指战员在缺乏机械设备的条件下，最先投入到建设工作中去。没有现代化的精密仪器和大型挖掘机器，他们以“就地取材”为原则，用铁锤、钢钎、炸药、扁担、竹筐和自己的双手，开山辟路，挖出一条通道来。他们坚持着革命中独立自主的原则，高喊着“人民自己的铁路自己修”的口号，激情洋溢，日夜不歇地辛勤劳动。四川人民被人民解放军指战员的精神深深地感染着，在他们的引领下，10万民工纷纷

① 《复兴之梦：图说新中国建设发展历程》编委会：《复兴之梦：图说新中国建设发展历程》，浙江人民美术出版社，2014年，第25页。

② 《复兴之梦：图说新中国建设发展历程》编委会：《复兴之梦：图说新中国建设发展历程》，浙江人民美术出版社，2014年，第25页。

奔赴筑路工地。一想到搁置了将近半个世纪的铁路马上就要变成现实，大家的劳动热情高涨，没有一个叫苦叫累，脸庞上布满的灰尘，也没遮住每个人的笑容和眼神中流露出的喜悦。他们仿佛有用不完的力气，使不完的劲儿，创造出用52天就完成计划中要4个月完成的任务的奇迹。①

万众一心，众志成城

成渝铁路是完全由我国工程师自行设计，中国人民自己施工，完全采用国产材料修筑的第一条铁路。要完成这样的工程，光靠着满腔的热血是远远不够的。企业和四川人民共同努力，重庆101钢铁厂负责轧出钢轨，四川人民献出枕木，筑路大军在1950年8月1日，从重庆开始向西铺轨，到永州，过内江，经资中，最后到达成都。各方面难题的共同解决为成渝铁路的最终通车打下了坚实的基础。在铺设轨道的施工过程中，劳动人民充分发挥了聪明才智，在面对困难时，创造了很多新技术，如路基分层填土打夯、长涵洞分节建造、厂制钢筋混凝土、枕木预先钻眼等，既提高了工程质量，又缩短了工期。这些技术，有些直到今天我们仍在沿用。轨道铺好了，又要面对火车本身的问题。当时四川没有标准轨道铁路，火车头进不来。贺龙在得知这一情况后，亲自向总参报告，用登陆艇把火车头、车厢从汉口通过长江运到重庆的九龙坡。

在条件极其艰苦，工具设备简陋的情况下，筑路大军凭着自己的聪明才智和顽强进取的精神，挖通了隧道，架起了桥梁，在山峦丘陵交错分布、森林密布的环境下，用了仅仅不到两年的时间，在1952年6月13日，就将轨道铺至终点站成都。成渝铁路全长505公里，将成都和重庆相互连接。7月1

① 《复兴之梦：图说新中国建设发展历程》编委会：《复兴之梦：图说新中国建设发展历程》，浙江人民美术出版社，2014年版，第26页。

日，隆重的通车典礼在成都和重庆两地同时举行。天刚蒙蒙亮的时候，两地及铁路沿线的居民就纷纷着新衣，戴新帽，满怀喜悦地走上了街头，激动地见证着这一时刻的到来。四川人民等了半个世纪，越过了重重的艰难险阻，终于用自己的双手建成了这条通向外界的大道，创造了历史。毛泽东在激动之余，亲笔题写了“庆贺成渝铁路通车，继续努力修筑天成路”的贺词。

成渝铁路是新中国成立后，中国共产党带领人民自力更生修筑的第一条铁路，这对于中国人民来说，是一个难以想象的奇迹，是中国铁路史上的创举，意义非凡。它不仅实现了四川人民几代人的铁路梦，还带动了整个西南地区铁路交通网的修建，有力地促进了西南地区的物资交流和人员往来，具有极大的经济效益和社会效益。在新中国的工业建设如火如荼之时，成渝铁路的竣工无疑为整个西南乃至全国的社会主义革命和建设注入了巨大的活

成渝铁路通车仪式

力。成渝铁路的建成具有划时代的意义，它体现了中国共产党全心全意为人民服务的宗旨，彰显了社会主义制度的优越性。

为了纪念修筑成渝铁路10万民工大军的历史功绩，缅怀在筑路中不幸牺牲的英雄们，1952年9月16日，成渝铁路筑路民工纪念堂在四川省内江市梅家山建立，次年又修建了纪念碑。通过这种形式，我们铭记历史，缅怀为了民族和国家牺牲的英雄们。他们为成渝铁路的建设所付出的努力和牺牲，我们会牢牢记在心底，他们永远活在我们心中！

民族团结：少数民族地区民主改革胜利完成

“少数民族地区的社会改革，是一件重大的事情，必须谨慎对待。我们无论如何不能急躁，急了会出毛病。条件不成熟，不能进行改革，一个条件成熟了，其他条件不成熟，也不要进行重大的改革。”[①] 1950年6月，毛泽东在中共七届三中全会上做出了重要指示。

民主改革是中国共产党依据本国的建设与改革的经验，根据少数民族地区的实际情况做出的创造性决策，是将马克思列宁主义同中国实际情况相结合的又一重要成果。民主改革在少数民族地区得到了广泛的支持和拥护。四川省有很多少数民族聚居地，他们的民主改革具有一定的典型性。

① 国家民委政策研究室：《中国共产党主要领导人论民族问题》，民族出版社，1994年，第44页。

民主改革是大势所趋，民心所向

1950年初，四川省全部解放，国民党的黑暗统治终于结束了。周边的汉区积极地开展减租退押和土地改革运动，废除了封建剥削制度，使广大的农民获得了解放。少数民族地区的诸多群众看到汉区的农民将生活过得有滋有味，强烈要求在少数民族地区也开展类似的行动。因此，邓小平同志提出：民族地区开展社会改革，必须建立在两个前提之上：一是区域自治或组建联合政府；二是多数人赞成改革，有关各少数民族的改革事宜，必须通过各族人民代表会议，依据民族自己绝大多数的意愿并经过他们的同意才能进行。[①] 1953年，中共中央在西南局关于会东县土地改革意见的批复中，同意对少数民族的土地采取协商办法处理，但要注意团结上层人士，不搞面对面的斗争。这道指示为四川少数民族地区的社会改革工作指明了方向。随着少数民族地区要求改革的呼声越来越高，一些地方党委、政府在认真考虑了民众的要求之后，积极地为改革准备筹划。

1955年冬，四川甘孜藏族地区、凉山彝族地区和阿坝藏羌地区三个少数民族地区的民主改革全面展开，以逐步地、和平地消灭奴隶制和农奴制，废除土地私有制度，发展农业生产为实质，在实施改革的步骤和方法上坚持和缓、协商、从宽的原则，促进少数民族地区民主改革的完成。

① 罗布江村：《历史·现状·发展：中国民族研究西南论文集》，民族出版社，2008年，第100页。

彝族地区的民主改革

今天，乐山马边县和峨边县，凉山西昌、盐源县，攀枝花盐边县，雅安汉源、石棉县都是彝族聚居区，其中以凉山为主要聚居地。20世纪50年代，彝族地区的民主改革也从这里开始。

1956年1月，《四川省凉山彝族自治州民主改革实施办法》（以下简称《实施办法》）经四川省人大常委会审议批准，彝族地区的民主改革正式开始实施。[①]《实施办法》强调了改革的目的在于发展生产，巩固民族团结，发展政治、经济、文化等各项事业，进而改善人民的生活，使凉山彝族逐步过渡到社会主义。《实施办法》阐明了改革的任务和内容：废除奴隶制度，废除奴隶主的特权，解放奴隶；改革不合理的土地制度；废除各种形式的高利贷和剥削制度。划分了社会阶级：占有三个及以上奴隶，本人不参加劳动的奴隶主阶级；占有两个及以下奴隶，本人参加劳动的劳动者阶级；奴隶阶级。针对这三个阶级采用不同的办法，以和缓的方式，自上而下地支持群众斗争，或是自下而上地发动群众和平协商，本着尽量放奴隶主“过关”[②]的准则，避免面对面的斗争。对于无法避免的面对面的斗争，采取“以政治争取为主，与军事打击相结合”的方针，通过宣传、谈判、亲友规劝等多种渠道，平息武装叛乱。到1953年3月间，在边改革边平叛的过程中，民主改革的工作基本完成了。之后，彝族各地还相继开展了复查工作，以充分巩固改革的成果，处理改革中的诸多历史遗留问题。

根据调查统计，在民主改革中，凉山州共解放奴隶52万余人，没收、征

---

① 罗布江村：《历史·现状·发展：中国民族研究西南论文集》，民族出版社，2008年，第95—96页。

② “过关”指对奴隶主当中表明支持民主改革立场的不予追究。

收及征购奴隶主的土地130余万亩，征收、征购奴隶主的耕畜23万余头，以及农具、房屋、粮食等大量物资。这些物资被平均分配给了奴隶、半奴隶及劳动人民，真正实现了生产资料的转移，改变了生产资料的所有制形式。对于积极推进民主改革的2000余名彝族上层人士和有影响的人物，各地政府在政治上、经济上都给予了妥善的安置，以保障其生活水平不低于改革之前。

藏族地区的民主改革

藏族地区的民主改革主要集中在甘孜藏族自治州和阿坝藏族羌族自治州。两地由于实际情况不同，民主改革的进程也有差异。

甘孜藏族自治州的民主改革与凉山彝族自治州的改革相比，较为滞后且更缓慢、分散，这与当地藏族群众和上层人士的愿望与认可度有关。改革最初从农业逐步开展，先在甘孜州的农业区选择了丹巴县、康定县作为改革试点，在取得经验后，再在其他地区逐步推开。改革以和平协商为原则，得到了当地各阶级的拥护。试点改革在1956年3月底顺利完成，达到了预期效果，证明了土地改革的相关措施在当地的适用性和可行性。

甘孜州的康南地区，如理塘、乡城、稻城及得荣等地暂未实施改革。其他地区的改革任务围绕解除农民的各种债务和差役负担、废除高利贷及解放奴隶三项内容开展。改革在实施过程中取得了显著的成效，并逐步增加了“调剂土地”和“动员献粮”的任务。甘孜藏族自治州的民主改革在改革、平叛、纠偏的过程中不断开展，于1960年底，基本完成了民主改革，广大农牧民在党的领导下推翻了旧制度，建立了新社会。

阿坝藏族羌族自治州的民主改革进程由于社会各阶级的思想比较统一，所以工作从一开始就更加稳定和顺利。1954年，第二届各族各界代表会议上，汶川、茂县及理县的代表就提出了要求民主改革的提案。同年年底，阿坝州就选择了汶川县威州、雁门两地作为试点，最先开始改革。改革以依靠农牧民、团结中上层爱国人士、和平协商为方针，逐步推广，缓慢开展。1955年春季，岷江以东地区就率先完成了土地改革。12月，民主改革在农业区全面推行，以岷江以东地区的成功经验为指导，对岷江以西的理县、茂县等10个县的农业区进行改革。在改革过程中，虽也有部分叛乱出现，但都得以迅速平息。

人民终于翻身做主人了

1960年，具有划时代意义的民主改革的任务在四川少数民族地区全部胜利完成，解放了奴隶、农奴60余万人。经过民主改革，广大群众积极性高涨，社会生产力大发展，农牧业均有大幅度增长。藏族、羌族、彝族人民从此成为社会的主人，少数民族地区各界人士都深刻认识和体验到了党、政府及人民的力量，人民民主统一战线得到了巩固和扩大，坚持党的领导、拥护社会主义制度、爱国守法的政治氛围在少数民族地区逐渐形成。民族区域自治政权在严峻考验中得到了巩固和发展，实现了民族内部和民族之间的团结。

三线建设：西部开发的序幕

20世纪60年代，国际形势严峻。美国军事势力重重包围了我国的东侧和南侧，我国的西部和北部又面临苏联的巨大压力，中苏关系的进一步恶化使两国长达7300公里的边境线出现紧张焦灼之势。与此同时，由于美苏两个大国的对立，印度、日本以及韩国对我国的态度十分冷淡甚至敌对。国内方面，经济发展极其不均衡，当时，我国的工业、国防等集中在东北、华北一带，一旦国际形势持续恶化，我国多年来的建设很容易遭受重大损失。

工业大迁移

为了加强战备，逐步改变我国工业生产主要依靠东北、华北的战略布局，20世纪60年代中期，中共中央和毛泽东做出了一项重要的战略决策——三线建设，即在中国中西部地区的13个省、自治区进行一场以备战为指导思想的大规模国防、科技、工业和交通基本设施建设。[①] 这是中国经济史上极大规模的一次工业迁移。

三线建设战略目标和总布局是要在西南、西北地区建立一个比较完整的后方工业体系。四川由于独特的历史条件、地理环境和资源优势，在西南地区的建设中处于重要地位。因此，国家要求四川尽快建立国防科技工业、冶金工业、燃料动力工业、机械工业（包括重型机械工业）、化学工业等基地，并修筑成昆、襄渝等铁路干线以保证西南与西北、中南地区的联系，更好地适应工业建设和国防建设的需要。与此同时，从沿海和东北等地区迁建一大批重要工厂和科研单位进驻四川。从60年代中期到80年代初期，四川省为三线建设投入了巨大的资金和人力，在建设时间如此紧迫的形势下，完成了大规模的、工程技术复杂的艰巨任务，可谓是四川历史上的一次壮举。

“两基一线”建设

按照国家三线建设的总布局和对四川的要求，四川紧锣密鼓地开始了以重庆常规兵器工业基地、攀枝花钢铁工业基地和成昆铁路三大项目，即“两基一线”为重点的建设规划工作。“两基一线”作为四川省三线建设的重点

① 第十一届中国科协年会组委会：《重庆方略》，重庆出版社，2010年，第31页。

项目，是在中共中央、国务院的组织领导和大力支持下，在四川各级人民政府、各领域的专家和广大人民群众的共同努力之下逐步推进的。

重庆常规兵器工业基地

重庆是一个综合性的老工业基地，工业基础雄厚、配套能力强，机械和化学工业也有一定发展，重钢、特钢的存在及新中国成立后的重建，为重庆的钢铁工业奠定了基础。其次，重庆利用自身地理优势，发展长江航运，大大助益了工业产品的输出。重庆丰富的煤炭能源及配套的火电厂也是西南其他地区无法比拟的。在考虑了各方面的条件后，常规兵器工业基地的建设中心选在了重庆，基地建设具体包括国防工业内部配套项目、为兵器工业服务的基础工业以及机械工业的配套项目。

1964年9月，西南三线建设筹备小组在成都成立，随后，西南三线建设筹备小组成立了以重庆为中心的工业配套工作组，后称“三线建设规划重庆地区小组”。工作组由蒋崇璟和鲁大东负责。通过一个月的实地调查，工作组初步提出了基地建设的轮廓。次年1月25日，李井泉、程子华、阎秀峰正式向中央报送了《关于以重庆为中心常规武器配套规划情况的报告》，对重庆常规兵器工业基地原有的7个老厂的扩建和14个新厂的建设做了规划，并提出基地以生产各种枪支、高射武器、迫击炮、大口径炮、坦克车辆及配套的光学仪器、弹药和炸药等轻重型武器为主。[①] 2月21日，中共中央批准了规划报告。中共中央西南局按照三年建成重庆常规兵器工业基地的批示，又做了西南地区三线建设的六年规划，提出从1965年至1970年先上常规武器，后重点建设尖端武器工业的“两个战役”安排。

1964年下半年到1967年上半年，是重庆常规兵器工业基地建设的决定

---

① 何郝炬，向嘉贵：《三线建设与西部大开发》，当代中国出版社，2003年，第113页。

性阶段。六年规划的第一个“战役”——建设常规武器工业，以新建项目为主要任务。1964年底，新建项目的厂址勘探完毕，采用了领导干部、技术人员、工人三结合的现场设计，更加灵活多变，易操作。次年2月到3月，水通、电通、路通和场地平整的“三通一平”工作开展得轰轰烈烈，在完善基础设施的同时调集施工队伍，为开始施工做全面的准备。从3月到5月，各项目陆续开始施工，到1965年底，项目全部按时完成。次年年底，老厂的疏散搬迁和各项配套项目基本完成。至此，第一个“战役”提前胜利，一个投资15.23亿元、建设项目多、工程技术复杂的工业基地在短短两三年的时间里基本建成。

1967年底到1969年，四川的三线建设被迫停顿，工业总产值直线下降。至1969年12月25日，四川三线建设领导小组成立，三线建设工作开始逐步恢复。

攀枝花钢铁工业基地建设

攀枝花钢铁工业基地是三个重点项目中最重要，也是投入最多的一个，毛泽东十分关心其建设问题。1964年5月1日，毛泽东说：“酒泉、攀枝花钢铁厂还是要搞，不搞，我总是不放心，打起仗来怎么办？攀枝花建不成，我睡不好觉。”[①] 过了几天，毛泽东再次提到攀枝花钢铁工业基地的建设问题，说：“攀枝花搞不起来，我睡不着觉。你们不搞攀枝花，我就骑着毛驴去那里开会；没有钱，拿我的稿费去搞。现在到解决问题的时候了，抢时间，抢在战争爆发之前。”[②] 充分表达了想要建设攀枝花钢铁工业基地的强烈要求和愿望。按照毛泽东的指示，9月17日，攀枝花钢铁工业基地规划组成立。规划组在全面考察和反复讨论之后制订出了年产150万吨的钢铁基地的规划、外部配套总和平衡规划和基地所在地的城市建设综合规划。1965年

---

① 中共中央党史研究室：《执政中国》（第4卷），中共党史出版社，2009年，第660页。

② 陈文书：《毛泽东与四川》，四川人民出版社，1995年，第338页。

3月，毛泽东批示了《关于加快建设攀枝花的计划》。攀枝花钢铁工业基地在建设过程中，遇到了很多的困难与阻碍。在中共中央和国家各部门的大力支持下，基地克服了用普通高炉冶炼高钛型钒钛磁铁矿的问题，解决了在狭窄地带建设大型钢铁厂的困难，打破了交通条件的限制。攀枝花建设总指挥部先后组织了“主攻两矿（煤矿、铁矿），确保两厂（电厂、水泥厂），狠抓运输”的战役，钢铁厂主体工程大会战，建设兰尖铁矿及一号高炉等大战。终于，在1970年6月29日4时42分，激动人心的时刻来临了，攀钢炼出了第一炉铁水，员工们奔走相告：这么多年的努力总算没有白费！同年9月，攀钢一期工程基本建成。1986年，开始二期扩建工程，至1996年全部建成。

成昆铁路

成昆铁路的修建直接源于攀枝花钢铁工业基地建设的需要，但是，修建这条铁路干线的战略意义远不止于此。成昆铁路连接四川成都和云南昆明，全长1100公里，曾在1958年就已建成成都至彭山县青龙场段，通车60公里。1964年8月，里程1040公里的成昆铁路正式由四川、云南两端同时开工。在层峦叠嶂、地势险峻的条件下，施工队克服了种种障碍，用密集的桥梁和隧道接通道路。全线建成桥梁991座，总延长92.7公里；隧道、明峒427座，总延长341公里。光桥梁和隧道的长度加在一起，就占了总长度的39.4%，有三分之一的车站更是因为找不到建站的地方被迫建在了桥梁上或者隧道里。很多时候，勘探人员和通信工程员为了在悬崖峭壁中选择一条合适的路线，都是冒着生命危险从没有路的地方走出一条路来。线路的选择和隧道的修建都是异常艰巨与危险的。施工队高度警觉，小心翼翼地创造着新的施工纪录。在排除万难、日夜奋战了两年后，1966年底，成昆铁路北段铺至甘洛，南段铺至广通，完成了总进度的50%以上，远远超过了预期。1969年9月1日，成昆铁路的北段复工。次年6月底，成昆铁路北段与南段在西昌礼州接轨。7月1日，成昆铁路通车。1971年，成昆铁路正式交付运营。同时，川黔铁路也在中共中央和国务院的指示下于1964年9月复工，次年7月通车。

三线建设是四川建设史上极为重要的篇章，在建设中，四川的现代工业体系得以建立，交通条件大有改善，并涌现了一大批新兴的工业城市，不仅推动了整个四川工业化的发展，还为后来实施西部大开发战略奠定了基础，积累了宝贵的经验。

“两弹一星”：中国和平发展的战略保障

20世纪50年代中期，国际形势处于“冷战”高峰。党中央与毛泽东深知要维护民族独立，捍卫国家主权，就必须重视并发展以国防建设为中心的高技术事业，积极确立国家防御战略，因此做出了要研制原子弹的决策，而后又决定研制导弹和人造卫星。在老一辈革命家和科学家的领导与支持下，坚持以自力更生为主、争取外援为辅的原则，新中国积极组织了“两弹一星”的研制，并取得了举世瞩目的成就。“两弹一星”的伟业，是新中国建设成就的标志，是中华民族的骄傲，是新中国得以屹立于世界民族之林的重要条件。

“哪里需要就去哪里”

“两弹一星”的研制工作主要由周恩来、聂荣臻、罗瑞卿指挥，由二机部、七机部及中科院、四机部负责，分工明确但又拧成一条绳，大力协同做好这项工作。二机部负责原子弹和氢弹，国防部五院（后来的七机部）负责导弹，中科院、七机部及四机部共同合作负责人造卫星。其中，中科院负责系统工作并研制卫星本体，七机部负责运载工具，科学院与四机部一同负责地面测控系统。为研制原子弹，中央将中科院的原子能所整体建制交给了二机部，由二者共同领导。大批的科学家根据各领域工作的需要被分配到了不同的地方。原子能所的大部分人，如留法归来的搞发射化学的“法杨”杨承宗等一批科学家迁到了实验性原子能反应堆，而留英归来的“英杨”杨澄中在中科院兰州近代物理所负责配合原子能所的工作，化学家汪德熙由大学调到了二机部。毕业于清华大学物理系、巴黎大学镭学院居里夫妇的学生钱三强任原子能研究所所长，在原子弹的研制方面起到了关键的作用。在钱三强的支持下，研究所找到了李四光的女儿——搞电子显微镜的李林，调来了后来在原子弹和氢弹研制中有突出贡献的邓稼先等。所有科学家都秉着“哪里需要就去哪里”的原则，积极地为国家“两弹一星”的研制献出自己的力量。

攻克“两弹”技术

由于1960年苏联单方毁约，提炼铀的浓缩铀工厂生产陷入停顿，我国的原子弹制造搁浅。要使工厂复工就必须自力更生解决铀的问题。关于这一问题，毛泽东曾问过地质部部长李四光，中国到底有没有制造原子弹的铁矿铀？李四光回答说：“有！但是，一般的天然铀矿石，能作为原子弹原料的成分只含千分之几。”[①] 因此，要想自力更生，就必须制造出氟铀使机器运转起来，再制造浓缩原子弹气体原料的真空阀门，最后还需要引爆原子弹的高能炸药。只有攻克了这些关键性难题，才能推动原子弹的成功研制。1964年10月16日，北京时间15点，在前线总指挥张爱萍上将的领导下，中国第一

① 解放军总装备部政治部：《两弹一星——共和国丰碑》，九州出版社，2001年，第33页。

颗原子弹在新疆罗布泊上空成功爆炸，整个世界为之震惊。两年零八个月后的1967年，氢弹成功爆炸，中国又一次成为世界称赞的对象。

导弹技术的发展计划是由“抵得上五个师”的钱学森亲自起草和制订的。国防部成立了五院后，钱学森任院长，刘有光任政委，总参通讯部长王诤为副院长。五院主要负责导弹的研制，所需人手从中科院等单位调用。在美国的郭永怀得知中央要搞导弹后，毅然决然地回到祖国负责力学和应用数学领域的研究，物理所洪潮生负责低温实验室，钱学森的学生林鸿荪负责发射导弹的高能燃料及液氧、液氢火箭发动机试车台。1960年，在各专家和各研究院的共同努力下，第一枚导弹终于发射成功，它为我军的武器装备开创了新的纪元。

原子弹、氢弹、导弹研制成功后，还要将原子弹和氢弹结合安装在导弹上发射，才能攻击远处的目标。在这项任务中，高能炸药是关键所在。大连化学物理研究所和五部的一个所协同完成了高能炸药的研制，使导弹变成了战略导弹。

研制人造卫星

1957年，苏联第一颗人造卫星上天，激起了中国人民研造人造卫星的想法。中科院地球物理所的赵九章对我国研制人造卫星方案的提出起到了积极的促进作用。1958年，张劲夫向中央提出了研造卫星的方案，中央政治局研究决定同意后，批了2亿元专款成立了“581组”和三个设计院。卫星全体由科学院研制，在北京成立科学仪器厂作为卫星总装厂。在经历了三年困难时期和“文革”，1970年4月24日，凝结着中科院科技工作者心血的第一颗人造卫星发射成功，《东方红》的乐曲响彻太空。

至此，在党中央正确领导下的中国，经过几代人的不懈努力，成了世界上为数不多的几个独立掌握核技术和空间技术的国家之一，在某些关键领域走在了世界的前列。“两弹一星”的顺利研制完成使我国的国防实力有了质的飞跃，同时促进了我国高技术及其产业的研发；科技的进步也带动了经济的迅速发展，使我国国际地位迅速提高，成为一个在世界上有重要影响力的大国。

九院与科学城

九院，中国工程物理研究院，位于四川绵阳涪江之畔，属国家高度保密单位，是在国家计划中单列的唯一的核武器研制生产单位，是以发展国防尖端科学技术为主的集理论、实验、设计、生产为一体的综合性研究院。绵阳九院为中国“两弹一星”事业做出了不可磨灭的贡献。

为了更快地掌握“两弹一星”技术，以王淦昌、邓稼先、朱光亚、陈能宽、郭永怀等为主要代表的科研人员毅然放弃首都的优越生活、工作和学习环境，长期生活在条件艰苦的偏远地区。1983年9月，为方便广大职工、科技人员更好地从事科研工作，国务院、中央军委决定在四川绵阳近郊建立新的科研基地，定名为“839工程”。1985年，为了扩大对外交流和适应新形势的需要，九院正式开始使用“中国工程物理研究院”的名称。1990年，中国工程物理研究院逐渐向新基地科学城搬迁，长期在山间田野中工作的科研人员们才终于走出了大山，在基础设施完善的绵阳市安家落户。

两弹元勋

“两弹一星”研发时期，九院里涌现出一大批具有杰出才能的科学家。曾在九院担任过重要领导职务的于敏、王淦昌、邓稼先、朱光亚、陈能宽、周光召、郭永怀、程开甲、彭桓武等都是“两弹一星”研制工作的主要代表人物。

邓稼先更是将九院视为“老家”，他在我国原子弹、氢弹事业中占据举足轻重的地位。邓稼先这个名字被人们所熟知是在1986年6月24日的凌晨，中央人民广播电台在新闻联播中播出了“两弹元勋”邓稼先的事迹。这个时候的邓稼先已经远离家人和朋友，在默默无闻地为“两弹一星”事业奉献了28年后，因病住进了301医院。邓稼先在美国取得博士学位，他冲破阻挠回国并参加中国近代物理所的创建工作时，只有27岁，因而有了“娃娃博士”的称谓。1958年春天，在核工业部部长的办公室里，负责人找到了邓稼先，请他参加原子弹的研制。年轻的邓稼先知道，中国人民只有研制出自己的原子弹，才能真正过上和平安宁的生活。这项任务更多的是一份责任，一份保家卫国、捍卫民族尊严的责任。他离开了自己的家庭，一头扎进了研制原子弹和氢弹的任务中。1972年，邓稼先出任九院副院长，1979年任院长，九院成了他第二个故乡。由于过度操劳，他的身体早就超过了负荷。日益消瘦的身体、布满皱纹的脸颊都在提醒着他：该歇息了。但是他却不在乎，仍然坚守在工作的岗位上。1985年7月底，他被检查出直肠癌，癌细胞已经扩散。在痛苦地与病魔斗争了一年后，邓稼先走完了他62岁的人生，一颗光芒耀眼的科学巨星陨落了。

“两弹一星”精神

1999年9月18日，党中央、国务院、中央军委在人民大会堂召开大会，表彰在“两弹一星”建设中做出过突出贡献的科研人员，为23位科学家颁奖，并授予了“两弹一星元勋”的称号。党和国家对“两弹一星”事业给予了高度评价：“热爱祖国、无私奉献、自力更生、艰苦奋斗、大力协同、勇于攀登的‘两弹一星’精神，是爱国主义、集体主义、社会主义精神和科学精神的活生生的体现，是中国人民在二十世纪为中华民族创造的新的宝贵精神财富。”[①] 在“两弹一星”建设中所凝聚的“两弹一星”精神，是我国高新技术建设的重要财富。弘扬“两弹一星”精神，可以提高我国科研人员的思想素质和精神觉悟，推进我国创新型国家建设，提高我国的综合实力和国际地位，为实现中华民族的伟大复兴注入强大的精神动力。

① 司德鹏：《弘扬“两弹一星”精神　自主创新勇攀高峰》，党建读物出版社，2006年。